Episodios Entrelazados

Episodios Entrelazados

Colección de Poesías

3

1991–1999

Rosa M. Díaz

BOOKSIDE Press

BookSide Press
877-741-8091
www.booksidepress.com
orders@booksidepress.com

Para todas las madres solteras

INTRODUCCIÓN

Esta es la continuación de ENTRE LOS LIBROS, Colección de Poesías 2, 1983-1990.

Con mi graduación de la universidad, CSU Stanislaus, en 1990, comenzó una nueva etapa de mi vida. Mi hijo nació poco después de graduarme y me regresé a casa como madre soltera. Estaba sola, sin trabajo, sin dinero, sin preparación para la maternidad y deprimida. Sin embargo, todavía logré hacer lo mejor sin nada a la mano. Mi vida personal estaba en su punto más bajo pero, al mismo tiempo, estaba en mi punto más alto con el nacimiento de mi hijo. Era una mamá orgullosa y él me trajo alegrías, esperanza, una perspectiva nueva y positiva de la vida. Tenía alguien por quien luchar y por quien vivir.

Necesitaba tiempo para adaptarme al nuevo ambiente y sus costumbres, pero me olvidé de mí y sólo me enfoqué en las necesidades de mi hijo. Mi hijo tenía el amor y la atención de mi familia, pero sentí que él también necesitaba al padre y su familia así que lo llevé a conocer su otro lado de la familia con la esperanza de que lo quisieran y lo colmaran de atención. Me lastimó y entristeció cuando eso no sucedió. No se veían seguros de querer ser parte de su vida y aceptar parte de la responsabilidad que el padre no aceptó. Parecía que siempre estaban enredados en algún tipo de problema importantísimo que se llevaba su atención. Siempre dejaban al niño para después. Me tomó mucho tiempo aceptar que no veía el amor, la conexión, el interés o el esfuerzo de su parte en mantener la relación con el niño así que dejé de llevárselo. Hice el intento. Siento que realmente lo intenté, pero sentía que les estaba rogando para que quisieran a mi hijo. Entendí que nunca me quisieron a mí y pues, por esa razón, tampoco querían a mi hijo.

Viendo hacia atrás, me dolía mucho que no le dieran toda la atención y el amor a mi hijo porque yo todavía amaba al hombre y era difícil aceptar que ya no estábamos juntos. No sabía que los problemas grandes y los muchos factores se alineaban en mi contra. Mi ex me demandó por la custodia total del niño y estuvimos en audiencias judiciales por cinco años. Después de cinco años de pelear y decenas de miles de dólares desperdiciados, demostré mi inocencia al mismo tiempo que protegía a mi hijo de gente vengativa. Yo gané.

Aunque enfrenté al mundo con una gran sonrisa brillante, la larga y profunda tristeza que atravesé durante mi embarazo aún persistía después del parto e incluso varios años después. No me daba cuenta de la gravedad de esto, pero en esos momentos de silencio a solas, vi lo sola que me sentía. No lo entendí en ese momento, pero la depresión me hacía sentir insatisfecha, no me sentía querida y no sentía el cariño. Sentía un gran vacío en mi mente y me sentía sola y que estaba sola frente al mundo.

Sí, un hijo llena una parte del vacío o necesidad pero no es suficiente. El tener una pareja a quien amar y que te ama y te apoya, llena la otra mitad del vacío. Deseaba tener un amigo especial con quien hablar sobre cualquier cosa. Necesitaba que alguien me susurrara esas palabras bonitas al oído. Necesitaba que alguien me halagara de vez en cuando. Necesitaba un hombre que me dijera lo hermosa que me veía. En ese momento necesitaba un hombre que me hiciera sentir importante y valiosa.

Qué equivocada estaba. Aprendí que la fuerza, el orgullo, la importancia y el valor que creemos que necesitamos y merecemos de otros, provienen de nuestro interior y no por quien esté a nuestro lado. El vacío que podemos sentir, en realidad no lo llena la pareja ni los hijos que podamos tener. El vacío se llena y se cubre con estar en paz con uno mismo, que tan positivos nos sintamos y como vemos la vida. Necesitamos aceptar todos los errores que hemos hecho y saber que no somos los únicos sufriendo esta pena. Y lo que nos pasa no es original ni particular. La felicidad es momentánea y la alegría viene de nuestro interior por la satisfacción de nuestras vidas.

Pensé que necesitaba un compañero, pero nunca he sido del tipo de persona que está en la búsqueda. Así que me quedé en casa. Cerré la puerta y dejé pasar el tiempo, tal vez mi príncipe azul vendría a conocerme frente a mi puerta. El hombre que apareció en mi puerta no era ningún príncipe azul, eso está claro. Era un monstruo de dos caras, amable y agradable y luego secretamente, era abusivo. Era el típico hombre machista. El primer mes fue bueno. El segundo mes, empezó el control y manipulación. Al tercer mes, cuando terminé la relación, se volvió un peligro; amenazas constantes, chantajes y acusaciones. Su intención de mantenerme bajo su control no funcionó.

Esta fue la segunda vez que enfrenté la monstruosidad del machismo. La primera vez yo era joven, inexperta, enamorada, y ciega. Pero ahora podía distinguir las señas y establecí mis límites. Me defendí y le puse fin a la relación antes de que fuera demasiado tarde.

Yo estaba peleando la misma guerra con dos hombres, como un monstruo de dos cabezas que es la toxicidad del machismo. Uno decidió pelear conmigo para vengarse y puso la excusa de que era por el niño. El otro estaba peleando conmigo con la excusa de quererme tanto y yo no dejarme cuidar. Me tomó tiempo para dejarme de dar pena pero me levanté y aprendí a pelear. Me deshice de los dos monstruos porque nadie me va a dominar con restricciones, gritos y menos con golpes.

Conecté el internet en mi casa en 1992. Con el internet, como instrumento social y de información, tomé las cualidades y puntos buenos de la gente que conocí en línea. Conocí tanta gente maravillosa por internet y en la vida real que me inspiraron con sus historias y sus consejos a mis problemas personales. Mis percepciones sobre los problemas y mi capacidad visual se expandieron y cambiaron. Mis opiniones, mis puntos de vista, mi autoestima también cambiaron.

Aunque no tenía esa pareja especial, la soledad emocional disminuyó cuando me conecté con diferentes personas a través de la pantalla de una computadora y en la vida real. Con el tiempo, llegué a aceptar que para mí estaba bien si nunca encontraba a esa persona especial. Estaba muy consciente cuando, concerniente al matrimonio, dije, 'No, gracias. Ya tuve bastante. Prefiero estar sola que lidiar constantemente con un hombre machista por el resto de mi vida.'

En la página de Contenido, le agregué una E a los poemas escritos en español originalmente y una I a los poemas escritos en inglés.

CONTENIDO

CELESTIAL

Para llorar o rezar
Veo hacia abajo,
Para defender,
Proteger y abogar,
Veo de frente,
Para implorar
Por la salud, la paz,
La fuerza y la vida,
Alzo la vista hacia los cielos
Con los brazos extendidos
Y las manos abiertas
Para que los cielos sepan
De dónde vienen
Las súplicas y los rezos.

Los Ángeles Del Cielo

Disfrazados por la piel,
Los ángeles de arriba
No pudieron abrir
Sus alas en la tierra
Y volaron alto a los cielos
Hasta tocar el paraíso.

Bajaron
Y pidieron prestado
Tiempo y espacio
Para aventurar, aprender,
Crear y enseñar.

Los ángeles del cielo
Toman muchas formas
Para no dejarnos solos.
Son invisibles
Y, aun así,
Comparten su calor.

Para nuestra protección,
Los ángeles del cielo
Forman una barrera,
Para nuestro rescate
Forman un puente,
De tantas formas,
Bajo sus alas,
Nos protegen.

Luego el Señor
Los vuelve a llamar,
Son capturados
Y cuestionamos
El significado de la vida
Que se detiene un momento,
En una sonrisa,
En una lágrima,
En un sueño, en un recuerdo
Sin tocar e imprevisto.

Cuando los ángeles
De los cielos arriba
No tienen tiempo
De despedirse,
Nos duele para siempre
Y quedamos
Con la mente llena,
El espíritu vacío,
Y el alma confundida.
Y, otra vez,
Nos preguntamos,
¿Qué tenemos que buscar
Para llenar nuestras vidas?

Noviembre 10, 1995

Vuela

Vuela alto
Hasta el cielo,
Vuela lejos,
Vuela fuerte,
Vuela solo,
Vuela valiente.
Vuela como un ave,
Vuela como un avión.

Vuela a los cielos,
Vuela a los vientos,
Vuela sobre las nubes,
Vuela hasta las estrellas
Pues ellas saben quién eres.

Cuando bajes,
Baja tu guardia
Libera tu pensamiento,
Y limpia tu espíritu
De cual enfermedad emocional.
No importa
Si es sólo en un sueño,
No dudes en llorar,
Reír o hablar,
Encuentra tu verdad
Y haz paz en tus adentros
Para que los dilemas
Se puedan sobrepasar.

Agosto 10, 1997

A Flote

Peleo contra
Monstruos, ogros,
Dragones, vampiros
Y víboras
En mis pesadillas
Y en la realidad.
Peleo para defender al niño
De las garras de la bestia
Que asusta, destruye,
Escupe, absorbe y constriñe.

Mi reputación
Está por los suelos
A base de acusaciones,
Mentiras y exageraciones
Que cuestionan mis palabras,
Motivos y acciones
Como si él fuera puro,
Leal y honesto.

El hombre no quería al hijo,
Su hijo,
Pero ahora lo pelea
Por venganza
Y por los pesos
Que se puede ahorrar
Y en las guerras de adultos,
El niño es el monigote
Que se usa
Para lastimar al otro.

Pretextos vienen y van
Para no ver al niño
Y culpa a todos
Menos a si mismo
Pues un hombre de verdad
Y un padre verdadero
Hace todo para ver al niño
Y ser parte de su vida.

Pero el hombre es mi enemigo
Y con su voz suave,
Lengua rápida
Y sonrisa convincente,
Está por ganar la custodia.
Parece que le oyen
Y sienten por él,
Parece que en sus ojos,
Yo soy la incompetente.

Parece que se lleva
Lo que más quiero,
Mi testimonio no vale,
Nadie me oye,
Nadie me ayuda,
Nadie pone atención,
Todos dejan
Al niño en medio
De la aflicción.

Peleo todos los días
Y no sé cómo cambiar esto,
Una palabra más, un mal paso,
Él se lleva el premio
Y yo estoy al borde
Del colapso.

Quiero ser fuerte e inteligente,
Necesito probar
La clase de hombre
Con quien trato,
Necesito probar
Que merezco a mi hijo
A aquellos que ven
Sólo mi lado exterior.

Ya me cansé
De vivir a la defensiva,
Me levanto y me duermo
Rezando que Dios
Me dé una nueva estrategia
Para ser yo la acusadora,
Ir a la ofensiva
Y quien dé el ataque.

Hice mis rezos
Con menos palabrerío
Pero más directos.
Pedí que la verdad
Saliera a flote
Para que todos vieran
Quien es el criminal
Y quien es honesto.

Por fin,
Dios oyó mis ruegos
Y me abrió el camino.
Basta con la compasión
Por el hombre
Que una vez quise.
Mi mano dio el ataque
Directo y definitivo
Y dos cayeron rápido,

Atemorizados
Como si hubieran sido emboscados
Aunque nunca lo fueron.
Sólo la verdad
Y la persistencia por la justicia
Nunca cedieron.

En el mar de las mentiras,
A flote salió la verdad,
A flote salió mi cara
Y pude respirar,
A flote salió mi niño
Y pudo vivir.
Con un salvavidas,
Nos pudimos escapar.
La gente indigna
Tuvo su castigo
Y la gente que no ayudó
También tuvo su merecido.

Diciembre 15, 1999

Es Triste

Es triste
Ver a alguien partir
Pero tienen que despedirse
Y seguir.

Se fuerte, se valiente.
Nunca pierdas
El poder de la fe.
Nunca pierdas de vista
Lo importante de la vida.

Pienso en ti
Con frecuencia
Y le pido a Dios
Por ti.
Te deseo lo mejor
Para que sobrepases
Esta y todas las demás.

Junio 7, 1996

Agradezco

Mira,
El niño ya nació,
Acabó la espera
Gracias al Señor.

La cosita más bella
Descendió de los cielos,
Es precioso,
Puro y perfecto
En los ojos
Que lo ven,
En las manos
De quien le dio vida,
Es un ángel en disfraz.

Agradecida estoy,
Pues Dios oyó mis rezos
Desde que me acuerdo
De darme un niño
Hermoso y saludable.
Agradecida estoy,
Por todo lo que voy a hacer
Con él
Y todo lo que él
Aprenderá de mí.

Mayo 23, 1991

Velas

Enciendo una vela
Cada noche
Y rezo con devoción
Para que el cielo me oiga
Y que la ayuda llegue pronto
Y en su totalidad.
Necesito proteger al niño
Y arreglar mi vida en desorden.
Rezo por la sabiduría,
Orientación, fuerza,
Paciencia y valentía
Pues mi enemigo
Quiere debilitarme
Y llevarse a mi niño
Y eso, no puede ser.

A través de los años,
Hice colección
De envases claros y coloridos,
De envases de veladoras
Elegantes, afilados y bonitos
A vasos muy altos
Con dibujos y rezos
A cada santo.
Una vela acaba
Y enciendo otra.
Velas de cada color y medida
Iluminan el cuarto y rezo
A los ángeles y santos,
Hago promesas y ofrendas
Para derribar al enemigo.

Rezo día y noche,
Rezo cada momento
Que estoy despierta.
Sobre la luz de la vela,
Rezo que me mantenga de pie
Pues la burla del enemigo
Ma hace llorar
Y debilita mis rodillas.
Para mantener
La esperanza viva,
Enciendo velas
Tantos días seguidos
Que ya el humo
Dejó una mancha negra
En el techo blanco.

Rezo y rezo
Y parece que Dios no me oye.
Al borde de perder la fe,
Cambié mi estrategia
Y empecé a ser guerrera.
No podía perder la esperanza
Y por la luz de la veladora,
Empecé a rezar con urgencia
Para que la verdad
Saliera a flote,
Para que la verdad se conociera.

Enciendo las velas
Con una esperanza nueva
Y los rezos
Son cortos, precisos
Y con el ultimátum
Del cual yo también vivo.
Que la verdad salga a flote,
Que vean quien es quien,

Quien es honesto
Y quién miente.
Que los jueces juzguen
Por nuestros actos, palabras
Y la verdad en la cara.

Pronto, como si Dios
Rociara algún polvo
De buena suerte sobre mí,
Las cosas empezaron
A mejorar
Y mis rezos
De palabras directas
Derrumbaron al enemigo.

Aprendí a pelear
Por los que quiero,
Aprendí a defenderme
Pues a nadie le importa
Si paso por encima
O me hundo bajo el puente.
Aprendí a rezar
Con palabras concisas
Y pensamientos precisos.
Me di cuenta
Que Dios quiere especificidad
En razones, ruegos
Y peticiones
No generalizaciones
Que son abrumadores,
Agotadores y confusos.

Diciembre 31, 1999

INOCENCIA

La mejor prueba
De nuestra existencia
Es a través
De lo que ensenamos
Y la herencia
Que dejamos.
Los hijos
Que dejamos
Siguen nuestra trayectoria
O cambian
El rumbo de sus pasos
Y, tarde o temprano,
Llegan a un acuerdo
Con sus orígenes.

Naturalmente

Naturalmente,
De mi nació
La cosita más bella,
El bebé
Más hermoso
Que he visto
A mis manos llega.

Naturalmente,
Lo culmino
De besos, abrazos
Y cariños.
Me enamoré
A primera vista
De mi propio niño.
Veo la cosita
Más perfecta
Como el milagro de Dios
Y las maravillas
De la naturaleza.

Es hermoso, tranquilo
Y siempre sonriente,
Él responde a mi voz
Naturalmente.
A veces,
Aunque me ría,
Cuando le hablo
Y le canto
Él suelta el llanto
Lleno de tristeza.

Él siente mi tristeza
Y se estremece
De cual ruido
Y movimiento.
No cabe duda,
Las emociones
Se traspasan
Antes de nacer
Pues, aunque
Yo fingiera alegría,
Él se nutría de amor
Sentimentalismos
Y depresión,
Naturalmente.

Junio 5, 1991

Un Bebé

Con el alma
De un ángel,
Descendí del cielo
En pañales de algodón
Para hacer
A alguien llorar
Y reír en asombro.

Me he vuelto inquieto,
Una travesura andando,
Fuerte, sabio, y feliz,
Hermoso, querido,
Y cariñoso.

Tal vez cambie,
Pero eso hay que ver
En los días
Que tengo por vivir.

Mayo 1, 1992

La Sonaja

Una sonaja colgada
En el estante
En el supermercado
Me llamó la atención,
Tomé el paquete
Entre mis manos
Y pude apreciar
Las bolitas de colores
Que caían
En el espiral dentro
Soltando un sonido suave.

El primer juguetito,
La única sonaja
Que mi bebé tuvo,
Alimentó mis sueños.
Encontré animó
En esa sonaja
Para mejorar personalmente
Y me dio la esperanza
Que las cosas serán mejor.

Qué bonito se verá mi bebé
Jugando con la sonaja
Que le compré con tanto amor.

Mayo 1, 1991

Osito De Peluche

Un osito de peluche,
No importa la talla,
Forma o color,
No importa
Como se ve
O quien lo regaló,
Siempre es bueno
Cuando estás tristón.

Un osito de peluche,
No importa
Que tan suave
O acojinado,
No importa
Que tan viejo
O desgastado,
Es el consuelo
Para el corazón
Acongojado.

Un osito de peluche
No pide
Y no responde,
Sólo oye
Comentarios y todo.
Un osito—
Una vez que lo ves,
Has de saber,
Que él te sigue
A donde vayas
Si tú diriges.

Un osito de peluche,
Tu amigo leal,
Para compartir
Sonrisas y lágrimas,
Suspiros y gritos.
Un osito
Es para querer
Y abrazar y besar,
Y a veces
Para detener y golpear.

Un osito
Te abre el corazón
A la bondad y todo.
Un osito
Te hace fuerte,
Te hace valiente,
No importa
Si estás sólo,
No importa
Si estás a oscuras,
Un osito
Te mantiene de pie
Y te deja explorar
El regalo de la vida.

Octubre 7, 1997

Santa Claus

El día de Navidad,
A las doce de la noche,
Va llegando
Santa Claus
En su trineo
Cargado de juguetes
Que a los niños
Alegrará.

El 24 de diciembre,
Los niños duermen
Con un ojo abierto,
Y el otro cerrado,
Tratando de atrapar
A Santa Claus
Dando un paso.
Pero si él ve
Que estás despierto,
Te hará soñar.
¡Te lo apuesto!

Santa Claus
Trae felicidad
A todos a su alrededor
Solamente tocando
Sus campanitas.
Su risa, 'Jo, Jo, Jo,'
Es bien distinguida.
Oh, ese hermoso sonido
Deja el eco
Cuando se ha ido.
Aquellos que creen,

Escuchan
Y se comportan,
Sienten a Santa Claus
Llegar cada diciembre,
Si son buenas
Sus acciones
Y son sinceros
Cuando comparten.

Noviembre 5, 1997

Besos Y Abrazos

Besos y abrazos
Para el que amo.
Un abrazo
Para compartir mi calor;
Un beso
Para compartir mis sueños.

Abrazos y besos,
Siempre disponibles,
Siempre en demanda,
Siempre dados
Para llenar los sentidos
Y calmar las quejas.

Septiembre 25, 1999

Aunque mi niño
No conozca a su padre,
Hay mucho parecido
Entre ellos.
El niño tiene
La misma forma de ojos,
La forma de cara,
El mismo modo de hablar,
El mismo modo de reírse,
Se rasca la barbilla
Y hace tantas cosas igual a él
Como si lo viera a diario
Y le copiara los ademanes.

Me asombra
Y me complace
Ver lo natural
Que es el efecto del linaje
Y lo increíble
Que son las características fuertes
De la herencia.

Julio 3, 1994

Un Papá

Mi niño
Apenas articula
Lo que siente
Y lo que piensa
Pero quiere que le compre
Un papá en la tienda K-Mart.

Niño inocente que es,
No sabe explicar
Las razones
Pero él sabe que le falta
Lo que todos tienen.
A su corta edad
Siente el abandono
Y el vacío
Que el padre deja
Cuando está ausente.

El niño inocente
Ve a los otros niños
Gustosos y emocionados
Ven al padre que llega
Y ellos le recuerdan a menudo
Que ese papá no es suyo
Y la sonrisa del niño
Empieza a desaparecer.
Él está viviendo
Lo que yo ya viví.

Septiembre 17, 1994

Ternura

Mi niño hermoso
Nació para dar alegría,
Ternura y cariño.
Se levanta cada mañana
Sonriendo y platicando
Y me alegra el día.

Mi niño hermoso
Se acerca con la gente
Y a todos sigue
Sin temores ni preocupación.
Es cariñoso y tierno,
Les pregunta y les platica,
Abraza a quien esté cerca.

Mi amor por él no acaba,
Su amor por mí
Lo demuestra a diario
Con sus palmaditas en mi cara
De emoción y amor,
Sus besos y abrazos
Son constantes
Y no suelta mi mano.
Qué alegría es
Haber creado un ser tan tierno,
Dios me dio un gran premio

Octubre 23, 1993

Un Niño

Con el alma de ángel,
Un bebé, un niño,
Desciende de los cielos.
Vestido en pañales de algodón
Y dado como un regalito
Que satisface el corazón.

Un niño para querer
Por una eternidad.
Hermoso,
Como el amor mismo,
Un niño es especial
Y, en mil modos, es único.

Un bebé
Nacido del amor:
Es así mi niño.
Orgullo de mi hogar
Y orgullo de mi ser.
Heredero de mis emociones,
Es la razón de mis sacrificios.
Mi niño:
La más grande prueba
Que caminé esta tierra.

Octubre 5, 1997

Rayito de Sol

El nacimiento de mi niño
Me devolvió a la realidad
Y me devolvió la vida.
Con sólo su presencia,
Mi bebé trae el sol
A mi corazón.
Con sus sonrisas y su risa,
El sol entra en mi casa
Por cual y todas
Puertas y ventanas.

Siento esperanza
Y contentamiento,
Alegría, orgullo
Y positividad,
Autoconfianza y fuerza,
Optimismo y sueños
Tan sólo al verlo.
Encontré nueva determinación
Para superarme
Y para ser la mejor madre
Que el niño pueda merecer.

Nunca pensé
Que un pequeñito
Me hiciera sentir tan rica
Pero mi mayor logro
Y mi más grande tesoro
Es darle vida al niño
Que, a la vez, me dio vida a mí
En su nacimiento,
Y me siento completa.

Nunca pensé
Que podría querer tanto
A alguien
Y me alegra
Que podemos reír de las tonterías
Porque mi bebé
Es mi rayito de sol,
Mi día nublado,
Mi tormenta
Y mi día nevado.
Él es todo
Y hace todo para cambiar
Mi temperamento,
Pero para hacerlo reír,
Le digo a mi bebé
Que es mi Sunny Delight
Y, a veces,
Es mi Hawaiian Punch también.

May 25, 1994

Guerrero

Mi bebé nació un guerrero
Con una carita hermosa,
Actitud cariñosa
Y buen corazón
Pero tras las sonrisas
Y contentamiento,
Tiene un agarre fuerte
Y fuerte puño cerrado.

En su vocecita suave,
Es de mentalidad fuerte,
Necio, cabeza dura
Que le encanta discutir
Y dar su opinión
Aunque no se la pidan.

Le gusta practicar
Los actos de super héroe
De los Power Rangers
Y, a veces,
Sin advertencia,
Su gordurita
Cae derrotando
Al clavar la rodilla
Que aprendió en la lucha
Mezclado con el karate.
Todo esto sale
Del cuerpecito
Tratando de hacer
Sus maniobras
Y sonidos de exclamación,
¡Yaah! ¡1, 2, 3, go!

Él no se mete
En los problemas de otros
Pero en su mente pequeña,
Él trata de hacer la paz
Con su argumento
Cuando las palabras de Moisés,
He-Man y el Parque Jurásico
Se juntan con lo que aprendió
En los Boys Scouts
Y el poder
Que piensa que esto le da
Al defender la familia,
Contra el vecino.
Discute y grita
'No peleen. Dejen de pelear.
Les digo que no peleen …
Yo tengo el poder,
¡Yo soy de los Boys Scouts!
¡Yo tengo el poder!
¡Tírenle! …
Y dejen ir a mi gente.'

Sin duda,
Mi hijo está practicando
Para ser héroe
Y salvar el día
Y para quien lo necesite
Pero mientras
Amaestra sus maniobras,
El oso de peluche
Será su bolsa de boxear
Y su tapete acojinado.

Agosto 5, 1995

ADHERENCIA

Cosas extras,
Emociones extras
Y palabras extras
Pero con gran significado
Todo llega a la mente
Y todo sale de la vida.

Una Madre Llora

Una mujer llora
De impotencia y dolor
Al oír las reprensiones
Del hombre
Que dice quererla.
Llora a solas
Y en su presencia
Por no ser como él anhela.
La chispa se enciende
Y la reduce a nada
Con su dedo en la cara,
Sus gritos y sus ofensas
Que nunca acaban.

Una mujer llora
Al quedarse sola,
Con las manos vacías
En un silencio que aturde
En la oscuridad de su casa
Cuando el hombre que ama
Habla mal de ella.
Fingiendo que sufre,
Él se escapa
Con su nueva amante
Para empezar
Una nueva vida
Llena de agravios y mentiras.

Una mujer llora
En medio de la depresión
Que la mantiene
En un estado inmóvil.
En el proceso de aflicción,

Parece que llora
Por un amor que murió
Aunque el hombre
No ha muerto.

Una madre
Se pasa las noches llorando
Al ver que su hijo
No tiene el amor del padre
Y no entiende como el hombre
Le puede dar la espalda
Al niño que no tiene culpa
Y todo necesita.

Una madre llora
Cuando encara la negligencia
De una familia corrupta
Que dilata la atención
Y cariño hacia el niño
Sólo por encubrir
Al hombre adulto,
Sinvergüenza,
Miserable e inculto.

Una madre llora
Al ver que el hombre
Pide la custodia
Para satisfacer
Su capricho y su venganza
Por el sostén que paga.
El juez, sin hacer preguntas
Ni querer oír comentarios
De los hechos o lo negado,
Le da derecho de visita.
La autoridad decide
Y lo arrojan a una casa

Con gente que no conoce
Y donde no le tienen cariño,
Paciencia o compasión.

Una madre llora
Y suplica a la autoridad
Que le devuelvan su hijo
Pero la autoridad no escucha
Ni ve las injusticias
Que la mentira
Presenta en la mirada
Y la maldad y la burla
Que salen de la boca.

La madre sufre
La desilusión que los jueces
No ven al monstruo
Metido en el hombre
Negligente
Que viene muy sonriente
Acompañado de una mujer
Que es su sombra;
Él es carismático
Como el demonio
Y la mujer es encantadora
Como una bruja.
Son buenos actores
Y a todos los tienen fascinados
Con los cuentos que articulan.

Yo soy esa madre
Que ha llorado bastante.
Por un tiempo,
Todo estuvo contra mí.
Fueron dos contra uno,
Ella fue la cabeza

Que piensa y planea
Y él fue el cuerpo
Que obedece y hace.
Querían a mi hijo
Para no pagar el sostén
Y querían verme a mí
Bajo tierra, en la cárcel
O en el manicomio
Pero me alegra saber
Que yo le puse fin
A ese episodio.

Yo soy esa madre
Que ha sufrido bastante.
Le pedí a Dios
Tantas cosas, tantas veces
Y parecía que no me oía
Y me vi sola
Defendiendo a mi hijo
Con espada y capote
Y defendiéndome a mí
De igual manera.
Los acusadores
Parecían zopilotes
Esperando que yo cayera.
Con el tiempo
La verdad salió a flote,
Algunos tuvieron su castigo,
–Yo tuve a mi hijo.

Junio 5, 1999

Pajarito

Mi pajarito moribundo,
Herido en su jaula,
Desangrando de sus alas,
Liberarte quisieras,
Si te dejaran.

Se te acabó el canto,
El color y lo esponjado.
Mi pajarito desplumado,
El calor te han negado
Y mueres de hambre y sed.
Nadie te viene a ver.

Pajarito tonto,
Hiciste tu nido
En un lugar prohibido.
Con tu canto alegraste almas
Pero fueron malagradecidos.
Descansa en mí,
Yo curaré tus heridas,
Heridas que cierran
Pero no se olvidan.

Marzo 10, 1991

Mi Almohada

Mi fiel compañera
De nada se queja
Y nada cuenta.
Mi almohada
Acapara el llanto
De mi desahogo
Y siente las sonrisas
Cuando, traviesa,
La mente sueña.

Mi almohada,
Sin corazón ni cara,
A mis confesiones
Siempre atenta.
Escucha mis lamentos
Con interés,
Y de mis emociones
Me libera.

Mi almohada—
La abrazo o aviento
Según me conviene.
Se acomoda a mi cuerpo
Sin criterio,
Rechazo o reproches.

Mi almohada,
Es el apoyo cuando escribo
Y en el papel dejo mi llanto.
También me tranquiliza
Cuando en sueños
Desquito mi enojo.

Mi almohada,
La mejor amiga de mi vida.
A ella le hago preguntas
Y entre sueños
Me los contesta.

Diciembre 13, 1997

El Rey

El hombre se corona
Como rey de su hogar
Y ni la pobreza
Ni la falta de educación
Le impiden imponer
La autoridad a su placer.

Hace de la mujer e hijos
Sus fieles siervos
Que controla y domina
Con mano dura
De violencia impredecible.
Gobierna su hogar
Como un dictador
Cruel y egoísta,
Sin piedad ni lamentos
Pero con un toque
De bondad, tolerancia
Y decencia que le nace
Frente a extraños
Por un momento.

Como hombre, él está libre
De criterios y menosprecio
Por alejarse del hogar
Con la excusa
De buscar el sustento
O tener alguna aventura
Pero en casa,
Su presencia y el dinero
Vienen a lo mínimo
Y lo da como un acto de caridad.

En sus visitas
Esporádicas y de prisa,
Sólo por seguir la tradición,
La familia muestra
Orden, silencio, respeto
Y obediencia al hombre
Que ya no conocen.
Él regresa al hogar
Con la certeza de encontrar
Agradecimiento por su trabajo,
Pero sólo encuentra silencio
E indiferencia
De los hijos olvidados
Que les faltó
Su cariño y su tiempo.

En la rutina monótona,
Sueña la buena vida
En las colinas rodantes
Y los campos abiertos
Pero, sin aviso,
Un arranque de ira
Contra la pareja,
Los hijos salen
A la defensa de ella.
Los hijos crecieron
Y ya no son tan mansos,
La mujer ya no es tan débil
Y ya no es el monigote
En las manos ásperas del hombre.
Ahora hay autonomía
En el palacio
Y autodefensas contra la tiranía
Del rey gobernante.

El rey sabe
Que su despotismo
Ya no se tolera
Y hace pretextos
Para escaparse de su reino
Que se voltea contra él.
Engañando a todos,
Él se aleja apresurado
Como un delincuente
De la única vida
Que ha conocido.

El rey desterrado
Se quedó en tierras extrañas
Pero le advierte
Y amenaza a la pareja
Que pagará muy caro
Si lo traiciona.
A escondidas,
Forma otro hogar
Y, como suele pasar,
Hace todos los pecados
Y todos los fracasos
Que odia, advierte y critica
En sus hijos
Pero él denuncia
A otros de villanos,
Esconde la mano
Y se llora de lo que le hacen.

El hombre que tenía un palacio
Ahora no tiene nada,
El hombre que era rey,
Ahora no tiene corona,
Pareja o hijos.
El hombre que gobernaba,

Ahora no tiene poder,
Ahora parece mendigo
Sin poder ni defensas.
Está solo
Y ahora compra compañía,
Apoyo e intermediarios
Con unas monedas.
Pero así es,
Quien vive gobernando
Y se va con mentiras,
Vive solo y en la ruina.

Diciembre 26, 1999

Congelamiento

El verano se confundió
Con el otoño
Y el otoño
Pronto le dio paso
Al invierno
Y entre las hojas secas,
El invierno llega
Con la sensación
De una soledad interna
Y por la ventana
Y por las grietas se cuela
El viento de tristeza.

El invierno
Llegó temprano
Con la venganza
De cobrarse
Las temporadas
De tiempo cálido
En el Valle Central.
El invierno
Trajo olas de frío
Y ventarrones helados
Y, a distancia,
Veo nieve en las montañas
De La Sierra Nevada
Y en los cerros de la costa.
Una buena sorpresa
Y bonita escena
De ver el Valle Central
Cubierto de nieve.

Enero nos trajo
Otra sorpresa;
Olas de frío intenso
Que duele hasta los huesos
Y los días continuos halados
Causan que el agua
De las fuentes se congele
Y el lago donde veía
Nadar a los patos,
Es donde ahora temblando
Caminan y se resbalan.

El congelamiento
Rompió las tuberías del agua
Y causó accidentes
En las carreteras.
Nadie estuvo a salvo
De los efectos
Del gran congelamiento.
En el valle,
La nieve cae una vez
En una o dos décadas.
Aunque fue histórico,
Yo no estaba preparada.
No tenía una cámara
Para fotografiar el panorama.
No tengo fotos
De los sucesos
Cuando mi bebé
Estaba por nacer.

Marzo 2, 1991

La primavera y verano
Se confunden con el verdor
Y el otoño e invierno
Se vuelven una estación.
El invierno llegó temprano
Y se quedó por largo rato
Y el cambio de tiempo
No se presenta.

El escenario
No cambia mucho
Cuando los ojos se nublan
Y la vista está bloqueada.
Parece que el tiempo
Y el escenario
Se entrelazan
Con mis emociones frágiles.
Parece que el escenario
Está apagado
Cuando no puedo ver
Mas allá de mi dolor,
Parece que el tiempo
Sabe lo que siento
Y quiere unirse
A mi agotamiento.

Marzo 20, 1992

Las Abejas

Los perfumes florales
En verano o primavera
Atraen a los pájaros
Y también a las abejas.
Las abejas no saben
Si el olor
Es perfume de una botella
O de flores frescas.
Persiguen y persiguen
Hasta que aterrizan
En la piel, en la ropa
O en el cabello.

Tal vez las abejas
No quieren molestar
Y se equivocan
Donde llegar
Pero el zumbido
Se oye más y más cerca,
Se siente en los oídos,
Se siente en el cuello,
Se siente volar muy cerca,
Se sacude el pelo,
Se pasan los dedos
Por los mechones de pelo largo
Y se ven una abeja que vuela
Después otra sale
Para alcanzar la primera.

Abril 30, 1994

El Niño
(El Tiempo)

La lluvia viene ligera
Y en tormentas
Continuas y fuertes
Y, así como es buena,
También es mala
Pues de tanta lluvia
La vista se empaña.
En la calle,
Sin ver el peligro delante,
Doy un paso en falso
Que me hace caer
En la calle inundada
A unos pasos de mi puerta.

Las lluvias inundan
Mi barrio
Y me caigo
En el charco de agua
Revuelta con basura,
Tierra y varas.
No me puedo parar
Sin mojarme mas
Pero desde aquí abajo,
Veo a mi madre,
Con su brazo quebrado,
Y mi niño pequeño
Indispuestos a ayudar.

Las lloviznas
Son más fuertes
Y me oí hablar

Con fuerza y enojo,
'¿Para que llora?
En lugar de llorar
Ayúdeme a pararme.'
Me hace enojar
Ver a mi madre
Llorar de impotencia.
Aunque
Me tendió la mano,
Yo me paré sola.
Siempre encuentro
Algún modo
Para levantarme y salir
Y no quedarme
Como el agua estancada.

Abril 25, 1997

Beneficencia

La ayuda llega
Pero no de buena gana
Ni a manos llenas.
Algunos cuentan las veces
Que ofrecieron su ayuda
Y otros cuentan los billetes
Que ponen sobre la mesa.

Es difícil no ver
Que se toma la fuerza
De una voz enérgica
Para hacerlos prestar atención
Y que entiendan
Que tan grave es el problema
Que consume la mente,
Las emociones y la vida
De quien está en apuros.

Las ofertas, los billetes
Y las palabras de apoyo
Se dan con reclamos.
La ayuda se da
Pero con advertencias,
Regaños, criterio
Y opiniones egoístas.
Por no verse es esta situación
Y estos zapatos,
Les duele soltar los pesos
Y hacer un acto de beneficencia.

La ayuda
Es claramente
Un acto de beneficencia
Que se da
Como al mendigo
Desconocido de las calles
Y la limosna se acepta
Con dolor a la necesidad.

Quien da la beneficencia
No ve que la pobreza
Es falta de recursos
Y bloqueo visual.
La pobreza y necesidad
Sacan a relucir
La falta de orgullo
Y falta de entereza
Para decir, 'No gracias.'
Y no aceptar la ayuda
Que, francamente,
Se da sin ganas.

Noviembre 27, 1999

Reuniones

No todas la reuniones
Son buenas, agradables
Divertidas, convenientes
O deseables.
Nos vemos seguido
Pero el estar todos juntos
Causa el desgarre
En el tejido familiar,
Y presiones, enojos,
Discusiones,
Sentimientos heridos
Hacen que alguien
Acabe llorando
Y después se precipita
Para salir huyendo de ellos.

Se temen las reuniones
Pues alguien sale perdiendo
En el momento
Que las cuentas salen
Y se cobran,
Los ataques son
Por lo que se dijo o hizo,
Por el tono de voz
Y las expresiones faciales
Que surgen naturalmente.
Todo se inspecciona
Y se analiza
Y queda para después
En la lista.

El tonto, débil y manso
Aprendió a callar
Y hacerse a un lado
Para que los golpes verbales
No duelan tanto.
A veces se mantiene
La neutralidad
En los temas discutidos
Para evitar ser el enemigo.
A veces se mantiene la cara
De indiferencia
Para no acabar
Ofendido, enojado
O con el alma deshecha
Cuando se nos dice
O se nos hace lo que sea.

A veces,
Se va a las reuniones,
No por gusto,
Sino por obligación,
Por compromiso
O para callar las críticas
Así que,
¿Para qué los besos
Y los abrazos de bienvenida
Si luego peleamos
Como perros y gatos
Con tanta ira?

Diciembre 28, 1994

Miserias

Qué agobio es
Estar frente a la pobreza
Que no acaba,
Ver el polvo
Que levantan los zapatos
En las callen sin pavimento,
Ver que, en la luz
Y en las sombras,
El polvo que circula, cae
Y adorna los pisos y mesas.

Sentí una gran tristeza,
Angustia e impotencia
Ver las caritas sucias
Con sus ojos tristes
Pidiendo misericordia.
Qué difícil fue
Ver una madre descalza
Con los pies estropeados
Y sus piernas cenizas
Por el polvo pegajoso
Y los objetos dañinos
Que se hallan a cada paso.
Fue peor aun
Ver la cría en brazos
Con ropa vieja inadecuada
Para el invierno
Llorando de hambre.

La madre levantaba la mano
Pidiendo limosna
Cerca del tráfico

Pero nadie se detuvo,
Nadie le dio un centavo,
Todos pasaban apresurados
Ignorando su presencia,
Ignorando las lágrimas secas
En su rostro descolorido
Y demacrado,
Ignorando al bebé
Que no puede ver
Por el llanto incesante.

Bajé la cabeza
Y derramé unas lágrimas
En silencio
Por ella y por mí.
Yo quería darle todo y de más
Por la gran tristeza
Que me provocaba.
Quería ayudarla
Porque veía el dolor en su cara
Y le di las monedas
Que tenía en mi cartera.
Pero, ¿De qué le servirán
Unas monedas
Cuando su hambre y necesidad
Vienen ya de antes?
Cómo quería encontrar
Billetes y billetes
Para hacerla rica
Pero no tenía nada conmigo.

Quise llorar la tristeza
Atorada en mi garganta
De ver tanta pobreza
Y no poder ayudarla.
Quise llorar a grito abierto

Pero me contuve,
Ella no necesita lástima,
Merece compasión
Y actos de beneficencia
Dada de buena manera.

La pobreza
Tiene varios niveles
Porque, hasta el la pobreza,
Hay estatus y honor.
Unos tienen más que otros
Y otros no tienen nada
Pero el hambre abunda
Entre los pobres.
Qué tristeza y que pena
Que Dios no distribuye
La riqueza y la justicia
Igualmente.
A unos les dio todo
Y a la mayoría los dejó
Con la boca abierta.
Qué desgracia es
Que en cual terreno,
Circunstancias o hechos
La miseria nos une
Pues el hambre y necesidad
Nos tiene atorados
A quien se jacta
De la misericordia que regalan
Y no toman en cuenta
El dolor que causan.

Diciembre 19, 1995

DEDICACIONES

Algunas gentes
Dejan impresiones fuertes
Y se les debe respeto
Por los recuerdos
Y la admiración
De quien fueron
Y lo que motivaron.

Diana

Una Bella Durmiente
Ahora es
Y por siempre descansa en paz.
Su belleza y su gracia
A todos encantó
A través de los años.
Fue una princesa
Y, sin duda, una dama
Donde estuviera.

Viviendo en un mal matrimonio
De mentiras y traición,
Ella vivía en una prisión
Vigilada por la autoridad
Del palacio.
Diana, su nombre era,
Y el mundo la hizo
La Princesa del Pueblo
Por mostrar amor,
Respeto y empatía
A los necesitados.

Estaba atada a su título
Que le limita las palabras,
Acciones y distancia.
Fue perseguida
Donde iba.
No encontró un lugar
Para respirar con libertad.
Una noche de agosto,
La persecución fue fatal.

Qué pena,
Joven se nos fue.
Si no fue feliz,
Si tenía presiones,
Ahora tiene tiempo
Y espacio
Para abrir sus alas.
En el palacio celestial,
Ahora tendrá la paz
Que aquí deseaba.

El cuento de hadas
Nunca existió
Pero su vida
Llegó a su fin.
Es una gran pérdida,
No se puede concebir,
El mundo llora
Esta tragedia.
Nadie la puede reemplazar.
Lo sé, era única.

Adiós, Diana,
Princesa de Gales.
Adiós, a la mujer
Que cautivó los corazones.
Tu legado sigue,
Y los recuerdos de ti
Vivirán por siempre.

Septiembre 1, 1997

Gracias
A Mi Doctor

Gracias por escuchar,
Gracias por tu paciencia,
Gracias por tus palabras
Que alientan.

Algunos han hecho algo,
Otros han hecho menos,
Y otros han hecho otro poco,
Pero tú has hecho
Lo suficiente
Para hacerme saber
Que puedo continuar.

Ojalá que el círculo
De cuidar de otros
Y ser apreciado
Nunca se acabe.
Buena suerte
Donde quiera que te halles.

Junio 4, 1996

Ojos Azules

Un hombre bien parecido
De bonitos ojos azules,
Piel blanca, un buen corazón
Y tantos sueños vino a mí.
Me hizo compañía,
Oyó mis historias
Con interés,
Me hizo sentir especial
Y me levantó el ánimo
Con su aliento y elogios.
Él era mi amigo
Pero cuando oí sus palabras
Y vi su amor por mí
En sus ojos,
Le di la oportunidad.

Su toque fue tierno
Y su beso fue suave,
Era callado y respetuoso,
Era gentil y bueno,
Yo tenía todo a la mano,
Nada que exigir,
Nada que pedir
Pero no estaba contenta.
Sus gustos, sueños,
Estilo de vida y visiones
Eran muy diferente a los míos.
No me podía relacionar
Y mi mente seguido
Perdía el hilo
En lo que había afuera.

Años después,
Otra historia,
Otra oportunidad,
Otro hombre bien parecido
De piel blanca
Y bonitos ojos azules,
Vino a mí.
Pidiendo ser mi amigo
Y, tal vez, algo más.
Aunque yo tenía pareja,
Él no se conformaba
A ser un simple conocido.
Era noble, sociable,
Platicador, dadivoso y servicial.
Quería ganar mi atención
Y mi cariño
E hizo mucho
Sólo para conocerme.

Como mujer soltera,
Me hizo compañía
En los momentos
Más vulnerables.
Oyó mis dolores
Y me mostró que le importaba.
Él estaba listo,
Feliz y dispuesto
De asumir la responsabilidad
Que otros rechazaban
Pero no me podía hacer quererlo.
Quería responder
Al cariño que ofrecía
Y probé esos labios
Sentí ese abrazo
Pero no me sentía segura
Y mi mente comparaba

Los efectos
Del antes y después.

En mi mente,
Toda diferencia
Parecía una barrera,
Toda similitud
Carecía de algo
Que me detenía
A enamorarme
De cualquiera de ellos
Y no me podía ver
Como parte de su sueños.
En mi mente,
El temor y la preocupación
Me hizo recortar
Las relaciones en el inicio.

Dos hombres,
Dos opciones descartadas,
Dos oportunidades
Nunca apreciadas o tomadas,
Dos veces que el amor
Fue recortado al comienzo.
Dos veces que la vida
Me daba una oportunidad
En el amor,
Dos veces que no podía ver
O comprender
Que perdía un buen hombre
Por un interés necio
En alguien
Indigno de mi amor
Que nunca me quiso.

Pero, después de todo
Lo dicho y hecho,
Me pregunto, de vez en cuando,
¿Cómo hubiera sido mi vida
Si hubiera aceptado
Cualquiera de ellos?

El amor es algo egoísta.
Nos volvemos implacables
En buscar una relación
Con la persona que queremos
Esperando que nos quieran,
Creyendo que el reto
Y la persecución
Tendrían una recompensa,
A la misma vez,
Somos despiadados
Desconsiderados y ajenos
Cuando completamente
Ignoramos, rechazamos,
Hacemos al lado
Y luego negamos
A quien nos ama
Sin ningún problema.

Diciembre 20, 1999

En Memoria De Violeta

La niña dormida
No despertará jamás.
En un sueño profundo se quedó,
Y ahora descansa en paz.

Como a un capullito,
Le han arrancado la vida.
Sólo nos queda llorar
La gran pérdida
Que nos deja
La crueldad de la vida.

La niña bonita,
La niña buena,
Por su inocencia
Y su sufrimiento,
Se ha ganado el cielo.
Y aunque me duele
Que ya no esté aquí,
Me consuela saber
Que en el viaje
Que ahora emprende
Ya nadie la puede lastimar,
Porque los ángeles
De la mano la llevan
Por el camino
Que Dios le ha dictado.

Mis ojos ya no te verán,
Mis manos ya no te tocarán,
Mis oídos ya no te oirán,
Mis labios ya no te podrán decir

Cuanto te quiero.
Pero me queda el consuelo
Que hice lo mejor para ti,
Y a través de los recuerdos
Tú nunca morirás.

Abril 7, 1995

Té Has Ido

Te has ido
Y ahora que estás
Con el Creador
Sé que no sufrirás más.

Es muy tarde
Para decirte que te amo.
Es muy tarde
Para desear algo.
Te has ido al cielo
Y mi dolor no tiene fin.

Lo di como concedido
El tiempo, tu presencia
Y tus enseñanzas
Pero ahora que ya no estás,
Se han hecho importantes.
Tú nunca morirás.
Vives en mis recuerdos,
En las cosas que dejaste,
A través de las canciones,
A través de los retratos
A través de todo,
Viejo y nuevo,
Todo tiene un toque de ti.

Perdóname
Por todo lo que hice
O faltó de hacer.
Por favor,
Dame una señal,
Muéstrame que estás allí,

Y que no estoy sola.
Te extraño cada minuto
De cada día
Y frecuente llamo
Tu nombre.
Siento tu espíritu
Como si fueras
Mi ángel guardián
Y te siento cerca de mí.

Febrero 18, 1995

Reminiscencia

Mis días de colegio
Era un comienzo nuevo
Pero el entusiasmo en otros
Era desaliento,
Temor y ansiedad para mí.
Todos eran extraños
Y actuaban muy sofisticados
Y yo sentía que me quedaba atrás
En todo aspecto.
Todos tenían alguien
Para compartir su tiempo libre
Y yo no tenía a nadie.
La ansiedad se asentó
Y me quería escapar
Pero no tenía a donde ir
Si yo sólo camino
Con propósito y dirección.

Mi primer amigo
Llegó una tarde
A principios de septiembre
Con la camisa bien planchada
Y su pañuelo rojo
Del pantalón colgado.
Fue buen amigo
Y me acompañó
Las tardes de los viernes
Cuando el colegio
Quedaba desierto.
Era respetuoso, platicador,
Cariñoso y artístico.
Fácil dibujaba rosas

Y me las regalaba
Como quien regala
Un ramo de flores.
Me llamaba '*Corazón*'
Y me agarraba la mano
Para besármela
Con mucha delicadeza
Cuando le medí los centímetros
Que podía tocar.

Mi siguiente amigo,
Siempre sonriente
Y platicador,
Usaba lentes súper grandes
Pero tenía la mirada
De un hombre bueno.
Quería ser maestro
Pero su sueño era ser actor,
Animaba y promovía
El optimismo y buen carácter.
Estaba determinado
A acabar lo que empezaba,
Era líder y organizador
Y nosotros seguimos sus planes.

Otro amigo, moreno,
Pelo rizado
Y manos dañadas y ásperas,
Quería ser maestro
Y le encantaba
El baile folclórico.
Era buen oyente,
Callado y serio,
Hacíamos cita para platicar
Por las mañanas
A primera hora,

Antes que hubiera
Oyentes o interferencias.
Era fácil hablar con él
Y el tiempo se pasaba
Tan rápido
Hablando de todo y de nada.

Un amigo de piel tostada
Presumía sus músculos
En desarrollo
A través de las camisetas
Recortadas.
Era obvio su gozo
Por mi aprobación
Y me dirigía la mano
A tocarle sus brazos,
Fuertes y sólidos.
Y nomás por gusto,
Lo llamé Mr. América
Y él me llamó a mí
Miss Universo.
Con él eran pláticas cortas
Pero muy divertidas
Y muchas risas.

Un amigo, totalmente
Diferente a los otros
Era alto, de ojos azules,
Y vaquero de corazón.
Era de pocas palabras
Pero muy inteligente
Y enfocado en las estrellas.
Yo me sentía inadecuada
Por no entender ni apreciar
Lo bonito y misterioso
Del espacio y los planetas.

Una amiga hermosa
De cara redonda
Y blanca como la luna
Y sus ojos negros
Me hicieron sentir
Que me entendía,
Me hizo sentir segura
Y protegida.
Compartimos historias
Y entendió mis puntos débiles
Y me hizo fuerte
De otros modos.
Otros amigos me llamaban
'Miss Cover Girl'
Pero ella me llamó,
'Miss L'Oreal'
Y eso era muy significativo.

Nombré a una amiga,
'Veladora,' relacionado
A su nombre y estatura
Y también lo tomó bien
Cuando, observándola,
Le dije que estornudaba
Como gata.
También era graciosa
Pero de un modo serio,
Era comprensiva,
Paciente, noble
Y muy buena ayudante.
Me apoyaba y me animaba
Y cuando me quejaba
De algún comentario,
Hacía gestos y ademanes
Que no hiciera caso.
Yo quería ser como ella

Que parecía que nada
La entristecía,
Nada le molestaba,
Nada la hacía enojar
Pero cuando sentí
Que tenía problemas,
La hice mi compañera
De apartamento
Para ayudarle
Y fuimos dos peleando
Contra lo que acecha.

Una amiga peculiar
Se vestía
Como Boy George
Y en un pueblo chico,
Daba mucho de qué hablar,
Pero a ella no le importaba,
Ella era feliz y se sentía bien.
Me gustaba su indiferencia
A los comentarios.
No estoy segura
Como la conocí
Pero era buena oyente,
Platicadora, graciosa,
Servicial, generosa,
Comprensible y atenta.
Le gustaba compartir
Sus historias
Y yo le contaba lo mío.
Me hacía reír
Cuando frecuente decía
No entender las historias
De 'mis tantos hombres.'

Las amigas y los amigos
Me tuvieron confianza
Y yo a ellos,
Me dieron su atención,
Respeto y cariño,
Me buscaban
Y querían mi compañía.
Me hicieron sentir especial,
Querida e importante,
Rápido mi autoestima
Se fue de los suelos
Hasta el cielo,
Yo me sentía en la cima
Y en el centro,
Como la sal y el condimento.

Nuevos estudiantes
Llegaron después
Y yo viví un tiempo
De envidia, celos,
Tristeza y enojo
Pues, con sus modales,
Y, de mil maneras,
Estas muchachas
Me desplazaban,
Me quitaban de mi puesto
Y se apoderaban de la atención
Que yo me había ganado.

Algunos de mis amigos
Les dieron el tiempo,
Por el momento,
Pero para pláticas serias,
Consejos y opiniones
Pedían mi presencia
Y eso, me tenía feliz y satisfecha.

En retrospección,
Me da gusto saber
Que a muchos ayudé
Y tuvieron la atención
Que yo tuve de ellos.
Siendo honesta
Conmigo misma,
También sé
Que hice enojar a algunos
Por tonterías
Pero era muy joven
E ignorante
Para entender
La trivialidad de las cosas,
Pero les pido disculpas
Por los conflictos insensatos.
También sé que ofendí
Y lastimé a otros,
Aunque sin querer,
Pero ver cómo les cambió
El semblante
Por mis palabras secas,
Me dio pena
Pues a mí
También me dolió
Y les pido perdón
Por el dolor que les causé.

Con todo lo bueno
Y todo lo malo
Como joven adulta,
Esto fue mis mejores años.
Tantos amigos,
Tantos incidentes
Y personajes,
Tantas palabras bonitas

Y muestras de cariño
Estampadas en mi mente
Que, aún hoy,
Sonrío al recordarlo.
Extraño los besitos
En la mano
Y que me llamen 'Corazón,'
Extraño el optimismo
Y las palabras de aliento,
Extraño los piropos discretos
Que me hacían sentir bien
Conmigo misma
Porque tuve grandes amigos
Y todos dejaron
Una marca grande
En mis recuerdos.

Quisiera volver el tiempo,
Para hacer
Mejores decisiones
Y corregiría
Lo que hice mal,
Le daría la oportunidad
A todos por igual
Con respeto y cariño.
Quisiera haber mantenido
El contacto con todos
Para saber qué fue
De mis amigos de escuela.
Quisiera haber tenido
Fotografías de cada uno
Para saber
Que no fue una fantasía
Lo que viví, a quien conocí
Y lo que recuerdo,
E igual de importante,

Saber que fui querida.
Quisiera decirles
Lo importante que fueron
Y la falta que me han hecho.
Los recuerdos van envueltos
En un suspiro
Llenos de buenos deseos
Y la pregunta,
¿Dónde se fue el tiempo?

En la graduación,
Todos tenían la visión
De su futuro,
Todos sabían
La ruta de su camino
Y yo siento
Que me quedé estancada
En la pregunta.
No queda nada
De aquella mujer,
Feliz, sociable
Y opinadora que yo era.
Hoy, veo a esa mujer
En tercera persona
Y sólo la siento
Como un sueño.

Septiembre 6, 1998

Teresa

Me quedé sola
En la confusión
De mi encierro
Y en el trastorno
De la soledad y el silencio.
Pero llegó mi salvación
En la forma
De una muchacha bonita
De ojos grandes y verdes
Llamada Teresa.
Tenía una sonrisa genuina
Y su sentido positivo
Era contagioso.
Parecía que me entendía
Y me dio el apoyo
Y la atención
Que mi mente necesitaba
Para sentirme
Fuerte y contenta.

Teresa me acompañó
A través de mis tribulaciones,
Sociales, mentales y morales.
Siempre tuvo el tiempo
Y mostro interés
En oír mis problemas
Y nunca se quejó
De mis palabras confusas,
Nunca se quejó
Que el tema, el problema
O mis conclusiones
Eran repetitivas.

Me ayudó a ver
Mis éxitos
Y me subió el autoestima
Cuando yo estaba ciega
Por la negatividad.
Ella me dio la sanidad
Entre mis conflictos
Y me dio la fuerza
Para seguir en la pelea.
Le debo mucho a ella,
Sé que Teresa
Me tendió la mano
En mil maneras.

No lo veía antes
Pero la persona
Que menos pensé
Se convirtió
En mi mejor amiga,
La mejor amiga
Que necesité al momento
Y si me dieran a escoger,
Yo escogería a Teresa,
Una y otra vez,
Para ser mi mejor amiga
En mis tiempos
De conflictos.

Mayo 28, 1998

REFLEXIONES

Hay inspiración
Dondequiera que voy.
Si tomo tiempo para reflexionar,
Veo que hay motivos
En todas las cosas.

Si despierto los sentidos,
Veo que hay magia
Y grandeza
A mi alrededor
Y la tristeza, también,
Tiene su valor.

Consecuencias

No todo se aprende
En las escuelas,
Los libros, o las clases,
A veces,
Las lecciones más impactantes
Se aprenden en la calle.

Mucho después
De mis años escolares,
Digo que no he aprendido
Lo suficiente.
No veía que la gente
Esconde el comportamiento,
Emociones, deseos
Y temperamento
Como un gran secreto
Que sólo esperan mostrar
Cuando tengan la de ganar.
Aprendí en carne propia
Que las lecciones
Más importantes
Se aprenden al instante
Y se discuten y se analizan
En las consecuencias.

Tantos libros,
Lecturas y sesiones,
Tantos años en los salones,
Pero no aprendí
Como discernir
Las interacciones de la vida.
En las consecuencias,

De saber poco a nada,
En prevenir la violencia,
Sólo meditaciones, deseos
Y arrepentimientos quedan.

Me gustaría haber aprendido
Como distinguir
De una relación duradera
O una momentánea.
Hubiera aprendido
Como identificar
Al hombre machista,
Que llega y nos envuelve
Con sus mentiras
E identificar el hombre
Agresivo y traidor
Con cara de víctima
Que culpa a todos libremente
Pero no acepta
La responsabilidad.

Para prevención,
Protección y defensa
Hubieran enseñado
Como distinguir
El temperamento crónico
Y explosivo,
Y el comportamiento egoísta
Y violento
Que viene con este.
Nos hubieran enseñado
Como deshacernos
Del hombre posesivo,
Controlador y manipulativo
Antes que fuera tarde.

Hubiera aprendido
A ver adelante
Y analizar mi pasado también
Para poder ver
Cuando hice los errores.
Me hubieran enseñado
A usar mis ojos
Y ver mi vida como es
Y lo que está por venir.
Yo pudiera haber visto
Como un hombre me elevaba
Pero, a la vez,
Me tenía abajo.
Hubiera sabido
Que al complacerlo,
Me volvía una reclusa
Y mi soledad se volvía
Un retroceso emocional
Lo que me hizo vulnerable,
Frágil y necesitada
Y fui la cosa perfecta
Para el siguiente monstruo
Que vio las ventajas.

En las consecuencias,
De no estudiar
El comportamiento social,
No estudiar la mente,
Después, el mantener
Viva la ignorancia
Al no hacer preguntas
Y no decir nada
Por temor o vergüenza
Y por la falta
De consejos y vigilancia,
Repetí el mismo error

Dos veces.
Sin embargo,
El tiempo y la experiencia
Me dieron la visión
Y el escape
De una vida sin vida.
Pude ver al hombre,
Manipulativo y chantajista,
Que resultó ser
Peor que el primer error.

Considerándolo todo,
La educación colegial
Me dio la inteligencia
Y las ideas
Para desafiar al sistema.
También me ayudó
A defenderme,
Con uñas y dientes,
Del hombre canalla,
Cruel y egoísta,
Que estaba destruyendo
El retoño de mi árbol.
No todas tienen la suerte
De querer y ser queridas
Así que, para mí,
Es mejor estar sola
Y evitar las recaídas.

Diciembre 30, 1999

Consejos

Para que te amen
Y te respeten,
Ámate a ti primero.
Si quieres amar a otros,
Cuídate, respétate,
Protégete y defiéndete,
Se buena contigo misma,
Y no permitas
Que nadie te trate mal
O te falte al respeto.
Tu pareja es de tu igual
Y es tu compañero.
Recuerda tu luz
Está en tu fuerza interior.

Respétate
Con palabras y actos.
Respeta a otros
Y recibirás la atención
Merecida
Por lo bueno de tu vida
Y no por las cosas frívolas
Que hagas.

Comunícate
Con tu conciencia,
Con tu cuerpo
Y con tus sentidos.
Tú eres tu primer doctor
Y tu mejor amigo.
El tiempo y atención
Que le des a tu cuerpo y mente

Tienen su valor
De positividad y salud.

Acéptate como eres,
Sé feliz
Con lo que tienes.
Los rasgos físicos
Sólo son superficiales.
Nadie es como tú
Y sólo tu espíritu
Tiene un lugar especial en la vida
Y tu vida es esencial
En el tiempo y lugar
Que ocupas.

Admira tu trabajo,
Siéntete bien
Por lo que creas,
Debería ser tu habilidad,
Sabiduría y de tu elección.
Todos tenemos
Talentos y dones,
Sólo se tiene que buscar
Lo que nos gusta
Para saber lo que cae bien.
No seas tu peor crítico
Pues ya otros lo hacen por ti
Pero recuerda
De mejorar en todo.

Para vivir tranquila,
Libérate de las aflicciones
Del pasado,
Libérate del dolor y resentimiento
Que no te llevan
A ningún lado

Y nada ganas aferrándote a eso.
En relaciones,
Por mucho que quieras,
Nada quedará
Bien aclarado, resuelto
U olvidado
Así que no vivas
Sobre analizando
Los incidentes o la gente.
El vivir acongojado
Es darle gusto
A quien te hace daño.

Piensa antes
De hacer o decir,
No quieres ofender
O lastimar a nadie
Pues todo regresa
En contra de uno.
Actúa con precaución
Pero decidida,
Y sé fuerte
Porque la vida no espera
Pero acepta el resultado
De tus decisiones.

Se bondadosa,
Compasiva y tranquila,
Comparte la riqueza
De tu conocimiento
Y presencia
Y eso regresará
A ti de mil maneras.
Recuerda que
Todo lo que hagas
Tiene consecuencias.

El egoísmo
Y la negligencia
Alejan a la gente,
Así que dale tiempo
A los parientes y amistades.
Ayúdalos
En sus problemas
Y episodios,
La amistad se edifica
Con cosas pequeñitas
Y favores grandes.

Confía en ti misma,
Construye ilusiones
En tu porvenir.
Los sueños de tu vida
Serán posibles
Por tu propia mano
Pero no olvides
De pedir y aceptar ayuda.
Recuerda, no escuches
Las críticas negativas
Si la gente no trae
Nada constructivo.
Nadie vive tu vida
Y no saben
Lo que necesitas.

Enero 17, 1997

Virginidad

El perder la inocencia
Cambia el cuerpo y la mente,
El estar en una relación
Cambia el estado de ánimo,
El autoestima y las perspectivas,
Una buena relación
Te hace sentir protegida
Y aleja los temores,
Es fácil acostumbrarse
A la idea de enamorarse
Y que nos quieran,
Es fácil acostumbrase
A las palabras de cariño,
A los abrazos,
Los besos robados
Y la atención prestada.

Y cuando la relación acaba,
Queda un sentimiento
De inferioridad
E insignificancia,
Y una soledad inmensa,
Un vacío enorme,
Un hueco profundo,
Una brecha, ancha y honda
Como el abismo,
Se siente y sólo veo
Que estoy sola de este lado
Del cerco alambrado de púas
Y todo mundo
Está del otro lado.

Y en esa soledad,
Se sueña, se desea,
Se añora, se necesita,
Por un momento aunque sea,
Tener la atención de un hombre
En una mirada, un elogio,
Un saludo cordial, una sonrisa,
Una palabra dirigida a mí,
Un rose de sus dedos
En mi mano,
Un algo que me diga
Que no he muerto.

Pero camino sola
En la ciudad desierta
Aunque esté rodeada
De gentes diversas,
Camino como un alma perdida
Aunque tenga propósito,
Dirección, objetivo y destino.
Camino sola y escondo bien
Mis necesidades y secretos
Pero siento un fuego
Que me quema por dentro
Y veo en varios hombres
Una posible oportunidad
Y me imagino cosas
Que no debo.

Sin darme cuenta,
Busco la atención de alguien,
No importa quien,
Pero todos están ocupados
Y no me ven.
Nadie pregunta de mi persona
Pero todos dicen

Que mi deber
Está con mi hijo
Y al final quedo yo,
Como mujer.
Qué triste,
Qué decepción,
Qué desconsolación
Es oír tales palabras
De quien vive
Una vida estable
Con su pareja,
De quien no sabe
Lo que es la soledad
Y estar falto de cariño
Y quien no entiende
Que soy prisionera
De mi cultura y creencias,
De los ojos que me ven
Y me persiguen
Y de las lenguas sueltas
Que me critican.

Pasan los días,
Las semanas,
Los meses y los años,
Y, poco después,
Todo se ve igual que ayer,
Lo único que cambia,
Es que mi niño
Está más grande,
Pero, en el baúl
De mis secretos,
La soledad,
Emocional y física,
Ya no cabe
Y, por más que quiera,

No me acostumbro
A una vida de repudio,
Abnegación y abandono.

Todavía existo,
Veo y siento,
Pienso y deseo.
Por su fortaleza
E independencia,
Admiro quien le gusta
Vivir y estar solo
Pero envidio a todos
Quien tiene pareja
Por la compañía,
El cariño y el apoyo
Que yo no tengo.

Un día de tantos,
Llega un hombre
A mi puerta,
Sus ojos fijos en mí,
Discretamente me seduce
Con su mirada.
Me llena de piropos,
Me sonríe muy contento,
Me dice que soy hermosa,
Admira mi inteligencia,
Y me hace sonreír.

Los elogios,
Que eran superficiales,
Se vuelven
Más íntimos y directos.
Yo me detengo queriendo evitar
Los errores anteriores
Pero su persistencia

Me hace ver
Al hombre recto
Y buen hombre de familia
Como provocativo
Y seductor
Que merece
Otra oportunidad.

Un encuentro casual,
Entre pláticas y risas,
Rosa mis manos
Con sus dedos ásperos
Que raspan mi piel
Desacostumbrada.
La reacción inicial
Fue de desconcierto
Por el percance
Pero, a la vez,
Sus dedos eran como un cerillo
Encendiendo mi piel
Y mis mejillas se sonrojan
Por la lumbre.

Su voz me convenció
O me dejé convencer,
Pero él supo exactamente
Como manipular la situación.
En un momento
De debilidad,
En un momento de ceguedad,
Me dejé llevar por el minuto
De razones egoístas,
Me dejé engatusar
Por el individuo
Que es un vil mentiroso
Sinvergüenza.

Fui crédula
A sus palabras y promesas
Que no tenían base.
Sin embargo,
Yo soy culpable,
Me hago responsable,
Acepto que todo caiga
Sobre mí.
Me dejé tocar,
Me dejé ensuciar.
–Todas las expectativas de mí,
Lo olvidé.

Los años que viví sola
Con modestia, decencia
Y autocontrol
Esperando encontrar
Un hombre de respeto
Con quien hacer
Las cosas bien,
Todo se acabó.
Mi segunda virginidad
De un estado emocional,
Físico y mental,
Se deshizo en las manos
De un hombre cualquiera,
Que no lo merece ni lo aprecia,
Y eso, no tiene explicación
Ni perdón.

Febrero 3, 1998

Mi Regalo

Querido Santa Claus,
Sólo un regalo
Te pido yo:
Que traigas el amor
A mi vida
Y, con él,
Muchas sonrisas

Pido
Que me quiera
A la buena,
Que sea noble
Y atento.
Ya me cansé de llorar,
Ya estoy lista
Para una nueva
Experiencia.

Santa Claus,
Te doy tiempo
Para que busques
Y agarres
Lo que necesito.
Y en Navidad
Abrir con gusto
La sorpresa
Que me has preparado.

Junio 5, 1999

Los años llegan
Y se van,
Unos pasan
De prisa y desapercibidos
Y otros se quedan
Estancados en la memoria
Por los sucesos ocurridos.
Unos años se visualizan
Y otros se recienten
Por el dolor que dejan.

El año empieza
Con la quietud
De un invierno común
Seguido por lluvias
Frecuentes
Y ráfagas de viento
Que inundan, ahogan,
Destruyen
Y luego resecan la tierra.

La primavera se asoma
Con alegría, expectativas
Y aromas.
El sol empieza a calentar
Y los campos se llenan
De flores de todos colores
Pero lo bello de la primavera
Se opaca con las tragedias
Que pronto se presentan.
Lo que parecía rutinario,
Tranquilo y aburrido

Toma un vuelco enseguida,
Ronda muy de cercas
La dama de la muerte.

La primavera, verano y otoño
Se enredan
En la agonía de la muerte
Y la depresión que deja.
Parece una pesadilla
Que no se acaba,
Se desvanece la vida
De varias jovencitas,
Que eran amigas.
Una tras otra
Y, aunque de distintos modos,
La vida se les fue
De igual manera.
Qué preocupación
Y tristeza me da,
¿Quién sigue?
¿Cuándo acabará?

El invierno llega
Como llegó la primavera,
Con noticias y sorpresas
Que no cesan.
Para cerrar el año,
Con broche de oro,
El padre que no quería
Conocer a mi niño,
Ahora pide custodia total
Y el juez le otorga
La primer visita en Navidad
Y él pasaría todo el día
Con un extraño total.

No cabe duda,
1995
Trajo muchas angustias,
Problemas y sinsabores
Pero me puso frente
A la cruel realidad
Que el decir, '*Te quiero,*'
No es lo mismo
Que las muestras.
Los jueces,
Que se creen sabios,
Y el sistema
Que no se mete y no actúa
Hasta que es muy tarde,
Ponen al niño en peligro
Sin querer ver
La verdadera cara
Del monstruo amigo.

Enero 10, 1996

Simpleza Del Corazón

Letras y sílabas,
Simples frases,
Simples versos,
Palabras escuchadas
Y repetidas.

Palabras sobresaltan
En mi mente,
Las imágenes
Salen sin control,
Y encuentro
Nuevas formas
De contar lo anterior.

La simplicidad
Del corazón
Es evidente
Cuando dice
Lo que siente
En una confesión,
Una liberación,
Un alivio al agobio
Del alma, los dedos
Y la mente.

Y, también,
Voces susurrantes
Vienen a mí
Y dicen sus historias,
Tan reservadas,
Tan privadas, tan íntimas,
Tan personal

Pero tan detalladas.
Buscan consuelo,
Buscan ser escuchadas.
Tienen en sus manos
Y en sus recuerdos
Palabras fuertes
Que yo tuve que escribir
Sus emociones
Antes que desaparezcan.

Al escuchar,
Aprendí de mí.
Me doy cuenta,
Nadie está tan solo,
O es tan diferente,
O especial o único,
O débil o tonto,
Cuando las perspectivas
Y sentimientos
Son valorados
Y compartidos
Por más de uno.
Tranquilamente
Encontré mi voz,
Encontré mi vocación,
Y no voy a dejarlo ir.

Diciembre 28, 1999

De niña,
Le pregunté
Muchas veces a Dios,
¿Por qué yo?
¿Por qué yo era diferente?
¿Por qué no era fuerte?

Y escuché
Las palabras inauditas;
'No se trata del cuerpo;
Es la fuerza del espíritu
Y de la mente
Que mueve y hace cambios.
¡Demuéstrales lo importante!'

Reflexiones sobre mi vida,
Sólo eso queda.
Es volver al pasado
Y ver mis acciones,
Erróneas o correctas,
Pero cualquier modo,
Siempre de una mujer
Decidida y libre
En el más íntimo
De los pensamientos.

Enero 8, 1998

Episodios

La vida es en etapas de tiempo,
Incidentes y personajes,
La vida es en facetas y pasos,
Capítulos y segmentos.
Los sustantivos y tiempos
Se interponen, se interrumpen,
Se correlacionan y se solapan
Haciendo episodios
Individuales y colectivos
Que se entrelazan,
Se afectan y se amenazan.

No sé qué me traiga el futuro
Pero los hombres
Del pasado y del presente
Son problemas constantes
Que sofocan, persiguen,
Vigilan, mienten y acusan
Como si ellos fueran angelitos
De Dios o inocentes.
Uno fue mi amante
Y el otro quiere ser mi marido
Pero los dos son verdugos,
Dominantes, ventajosos
Y son mis enemigos.

El pasado no fue idílico
Como yo me hice creer,
Sólo fue una alucinación
De hechos y tiempo
Distorsionados
Por la idea del amor

Y son dos versiones
Que no tienen nada
En acuerdo.
El presente es absurdo,
Es una pesadilla
En una realidad viviente,
Está presente en todo
Y no me da tiempo ni lugar
Para respirar tranquila
Pero las experiencias
Me enseñan a ser fuerte
Y no doblegarme.

El hombre del pasado
Y el hombre del presente,
Cada uno, en su tiempo,
Dijeron quererme
Y sus escenas de celos
Era el mejor comprobante.
¿Dónde tengo la cabeza?
¿Por qué caí con ellos?
No cabe duda,
Soy crédula y muy tonta
Pero ellos son malvados
Y embusteros.

El hombre del pasado
Era de buen parecer
Pero escondía su malicia
Entre los besos,
Los rumores e interferencias
Lo volvieron celoso.
El hombre del presente
Es feo de facciones y mente,
Es celoso y posesivo
Naturalmente.

Queriendo borrar el pasado,
Propone matrimonio.
Por su envidia
De mis ensueños,
Quiere acaparar toda mi vida
Y se vive cuidando mi cara,
Mis pasos
Y disecando mis palabras.
Me exige obediencia
Queriéndome ver débil
Y dependiendo de él
Pero dice quererme
A pesar de mis defectos.

El hombre del pasado
Dejó huellas fuertes
Que dañan y conmueven
Cuando se hace
Revisión y análisis
De las palabras y hechos.
El pasado aún
Me tiene agarrada
Como una fiera a su presa
Pero entre el temor
Y la debilidad,
El escape se logra
Cuando se reconoce
El agotamiento mental
Y el deseo de vivir en paz.

El hombre del pasado
Me dejó un bello regalo
Y ahora quiere quitármelo
A la fuerza
Pero tiene los pies
Bien puestos

Y, con gran peso,
Pisotea y manipula
Lo que le molesta.
El hombre del presente
Me anima a no dejarme vencer
Y, absolutamente,
Olvidarme del pasado.
Me dio breve calma
Pero me hace ver
Que la persona frente al espejo
Merece respeto
Y amarse primero.

El hombre del pasado,
Voluble y temperamental,
Me hacía encogerme
Como una flor de papel.
El hombre del presente,
Descaradamente machista,
Impulsivo, agresivo,
Manipulador y controlador,
Quiere estar en todo metido.
Es guerra constante
Y yo soy una flor
Marchitando sin fragancia,
Sin agua, luz o aire.

El hombre del pasado,
Astuto, hipócrita
Y convincente
Tuvo una niña inocente.
El hombre del presente
Es también astuto
Pero más egoísta, malvado,
Y canalla que el pasado
Y no me tiene

Como él quiere.
El hombre del pasado
Me tenía engatusada
Con sus disculpas
Y sus palabras de amor
Y acepté el maltrato
Por ignorancia, amor
Y falta de ejemplos
Pero ahora en el presente,
Me defiendo
Con uñas y dientes.

El hombre del pasado
Miente, culpa,
Persigue y se burla.
Me quiere ver en la cárcel,
En el manicomio
O el cementerio,
Es agresivo como un ogro
Y es un charlatán
Sin clase ni dignidad.
El hombre del presente
Me quiere mantener
Aislada, escondida
O aterrada en silencio.
Es violento e impulsivo
Como un monstruo
Con esa mirada severa
De cruel autoritario.
El pasado y el presente
Son tan parecidos
Como si fueran hechos
Del mismo molde.

El pasado y el presente
Ya no me hacen tonta,

Me mantengo firme
Y ataco al enemigo
Del pasado y del presente
Por todos los ángulos.
En silencio planeo
El enfrentamiento
Con las furias del pasado
Y del presente,
Encuentro fuerza
Y determinación
Para seguir adelante
Poniendo distancia
Y tiempo entremedio.

No sé cómo será
El hombre del futuro
O si llegará
Pero la ilusión
De una vida tranquila
Me ayuda a vencer
Mis propios temores.
El hombre de mis ensueños
Es de actitud y cara
Que yo quiera,
Es bueno y tierno
Y es un anhelo
Por las promesas
Que nunca articula
Pero me llevan
A donde yo quiera.

El ensueño
Me da la libertad, espacio,
Respeto y cariño que merezco.
La imagen fantasiosa
Es un comienzo nuevo,

No sabe nada de quien
O que me molesta,
No quiere saber
De los problemas
O los recuerdos
Y no promete, no planea,
Y no pide nada.

No veo ni siento
Que el ensueño
Toma ventaja
De mi estado emocional
Y me hace caer
En las trampas amorosas
Pero, como un héroe,
Me devuelve a la vida.
La imagen del futuro
Me provoca
Y me alimenta
Y me trae fuerza,
Inspiración,
Independencia
Y perspectivas nuevas.
Me trae sonrisas,
Sueños y esperanzas
Con palabras bonitas
Y voz tranquila
Y me siento como un árbol
Siempre floreciente.

Los episodios
Son alucinaciones,
Percepciones y visiones
Que se pisan entre sí.
Amé al hombre del pasado
Pero desprecio

El hombre del presente
Y el hombre de mis ensueños
Todavía está por verse.

Los episodios del pasado,
Presente y futuro
Se alimentan
Y se entrelazan
En lo que descubren.
En mi vida,
El pasado, presente y futuro
Tienen los factores
Y componentes
Que hacen al hombre
Ser hombre
Y yo reconozco que heredé
Creencias y debilidades
Que no me favorecen,
Al contrario,
Son un beneficio
Para el enemigo
Pero en cual episodio,
Los hombres
Son sólo un personaje
Y yo soy quien escribe.

Octubre 1, 1999

MIGAJAS

El presente
Es una cruda realidad
Donde se aplica
Lo que se aprendió
En el pasado
Y se corrigen
Los errores y carácter
Antes de dar
El último paso.

En el presente,
Algunas relaciones
No tienen valor,
No son buenas
Y no se necesitan.
Algunas relaciones
Piden todo
Y no dan nada
Pero se quejan de recibir
Sólo migajas
Cuando no aportan
A la mesa
Nada substantivo.

Tú Héroe

Fui tu héroe,
Fui tu príncipe azul,
Fui tu salvación,
Fui tu rey
Y fui tu esclavo
De nada me quejé
Aunque duró un rato.

¿Qué más querías?
Si todo te lo di.
Te ruego
Que me quieras
Y te haces
La desentendida.
Te di todo —
Te di mi vida,
Mi cuerpo,
Mi alma, mi fe —
Pero me quedo vacío
Y te vas tranquila.

Dime que te faltaba,
Si lo que pedias
Todo te lo daba.
Te llené de mi tiempo,
De caricias,
De atención,
Mi amor fue grande
Y no me diste
Siquiera caridad.

Soñabas
Con un príncipe azul
De los cuentos de hadas
Deseabas el amor total
Que te hiciera reír,
Soñar y suspirar,
Orabas porque un héroe
Te viniera a salvar,
Esperabas la perfección,
Y yo todo lo fui.

Quisiste un príncipe,
Y pelee las guerras,
Quisiste un rey,
Y te hice un palacio,
Fui tu héroe
Y fui tu verdugo
Para culpar a otros
Y para salvar tu dignidad.
Sin ver
Lo que quería sembrar,
Me hiciste tu esclavo
Y ahora me descartas
Como a un mendigo
Y con las manos vacías
Me has dejado.

Una palabra de amor
No le cae mal a nadie,
Creí yo.
Me equivoqué,
De mí todo te ofendió.
Todo lo perdiste,
Nada te importó
Y a mí todo me dolió.

Todo esto se oye
Del hombre celoso,
Controlador
Y chantajista sentimental
Que se ve como el héroe
Y se ve la víctima
Cuando se le da
El punto de vista
Pero no ve
Que las calumnias
Y autoalabanzas
Aturden y son ridículas.

Noviembre 5, 1996

El Hombre Y La Mujer

El hombre trata a la mujer
Como un objeto,
Pero exigen respeto.
De todo se creen dueños
Pero eso, sólo en sus sueños.

Tengo firme
Que el hombre hace
Lo que la mujer lo deja
Y al final de cuentas,
La mujer es quien ordena.

El hombre sin la mujer
No hace ni es nada.
La mujer sin el hombre
Es todo y todo gana.

La mujer se basta sola
Para el trabajo, el hogar y los hijos,
Mientras el hombre
No sabe ni donde está el principio.

El hombre critica, menosprecia
Y domina a la mujer
Por temor que llegue a ser
Más fuerte y grande que él.
Esto se llama discriminación,
De cualquier modo
Que lo quieran ver.

Febrero 11, 1997

De Paso

Tanto que perdimos
Al decirnos adiós,
Me dices tú
Pero eso no es
Lo que digo yo.
No culpes a nadie,
Te dije
Que estaba de paso
En tu vida
Y fue la verdad.

Esta relación
No fue de amor,
O amistad,
Ni siquiera atracción.
De mi parte,
Fue la conveniencia
De hacer un hogar
Para mi hijo.
De tu parte,
Fue dar la apariencia
De un buen hombre dolido
Que necesita ser querido
Y eso fue peor
Porque es todo mentiras.

Junio 5, 1999

Celos

Suena el teléfono
Y nadie contesta.
Dime,
¿Quién te llama?
Dime,
¿Quién te espera?

Lo siento,
A veces con el teléfono
Cualquiera juega,
Y toman el aparato
Muy a la ligera.

Te pones bonita,
Sales, y llegas tarde.
Dime,
¿Para quién te arreglas?
¿Quién es
Aquel cobarde?

Tengo dignidad
Y decencia
Cerca y lejos
De tu presencia.
Me gusta verme bien,
Pero nadie me cita.
Sólo que el tiempo
Se pasa de prisa.

Eres tan seca,
Tan frívola.
Te muestras tan privada,
Tan misteriosa,
¿Acaso siempre planeas
Tu siguiente ronda?

Lo siento
Pero a veces,
Los dilemas
Me llenan la cabeza
Y me impiden ser cariñosa
Y mejor prefiero
Mi aislamiento,
Donde nadie me critica,
Donde nadie me reprocha.

Te beso, te acaricio,
Y tú te quedas
Callada, pensativa,
Te hago el amor
Y tú no respondes,
Te doy todo
Y tú nada ofreces,
Dime,
¿En qué otros brazos
Te satisfaces?
Dime,
¿Qué tanto haces?

Pienso en todo
En nuestras vidas,
Pero he aprendido
A callar lo que pienso,
Si de todo lo que digo,
Haces un enredo.

¿De qué besos
Te recuerdas
Que te saboreas la boca?
¿Por qué sonríes
Hasta estando sola?
Dime,
¿A quién le coqueteas?
Dime,
¿A quién provocas?

¿Por qué tanto desconfías?
Tal vez es costumbre,
Tal vez son recuerdos
De todo lo vivido
Que me traen alegría,
Pero te lo aseguro,
No hay otro motivo.

No quieres que te acompañe
A dónde vas
Si sólo te quiero
Proteger y ayudar,
¿Quién te espera
Y hace por ti
Lo que yo no puedo?

Aunque
Lo tomes a mal,
Me gusta hacer todo
Yo misma.
No quiero caer
En la dependencia
Y ser una carga para nadie
Si después me critican,
La paciencia se acaba
Y todo me echan en cara.

Quieres un buen amante
Y no quieres
Nada conmigo,
Nunca me haces sentir
Que te satisfago
Aunque sea por compromiso.
Ni siquiera tus palabras
Me dan el consuelo
Que lo nuestro mejorará.
Claro,
Porque no te importa
Lo que yo hago,
Lo que siento
O lo que vivo.

Si eres buen
O mal amante,
Nunca me he quejado,
Eso,
Me tiene sin cuidado.
Prefiero
Una buena relación
Bien fundada
A unos momentos de placer
Por el reloj bien marcados.

Me estoy
Volviendo loco,
Me estoy obsesionando
Y no puedo más.
Quiero todo
Y no tengo nada contigo.
¿Qué quieres conmigo?
¿Qué esperas de mí?
Si lo que pides,
Ya todo te lo di?

Quiero todo contigo
Pero tenemos
Que conocernos
Antes como amigos.
No seas ciego
Y no seas tonto,
Ni tú pides, ni yo exijo,
Lo que no damos
Si no lo sentimos.

Te demuestro amor
De mil modos
Y tú sólo das migajas.
No te molestas en saber
Lo que me pasa,
Tú muy tranquila,
Siempre conmigo
Indispuesta.
¿Acaso el otro
Es tan tonto como yo,
Que espera su turno
A tu disposición?

Tu inseguridad
Te hace decir tonterías,
Pero te digo
Que yo no miento
Ni oculto nada,
Así que por favor,
No sigas pisoteando
Mi orgullo
Con las acusaciones
Falsas y dañinas.
No quiero lamentar
Esta relación o el motivo
Que nos ha unido.

Me niegas tus besos
Cuando más los necesito,
A veces me ignoras
Cuando hablo contigo,
No me das la atención
Al momento preciso,
No me das una caricia
Si no te la pido.
No soy de palo,
No soy de agua,
Soy de corazón y alma
Como aquel
Que de mí te aleja.
Dime,
¿En quién piensas?
Dime,
¿Quién más te conquista?

A tu edad,
Esos celos son ridículos.
Eres egoísta y avaricioso,
Quieres todo para ti
Y me quieres
Cien por ciento a tus pies
Sin saber
Que mi tiempo
Y mi cariño
Están siempre divididos
Entre el hogar, el trabajo,
Tú y los hijos.

Qué gran equivocación
Fue enredarme contigo.
Quise hacer
Un segundo intento
De formar un hogar,

Pero cargamos
Con la mentalidad
Y problemas
De las relaciones previas.
Cuidamos las miradas,
Las palabras y lo omitido
Por temor a la traición
O a la soledad
Y el poco cariño
Que pudo haber sido
Se va secando de prisa.
Tus celos infundados
Es tu error
Y parte de tu carácter
Que me aleja de ti.
No podemos seguir así,
Con la desconfianza
Y los reproches,
Yo tengo
Mi conciencia tranquila
Pero es obvio que tú no.

Diciembre 11, 1996

Los Ojos Del Amor

Los ojos del amor
Perfecto todo lo ven.
Te veo
Como mi hombre ideal,
Y para ti yo soy
La perfección
Hecha mujer.

Yo soy
Tu sueño anhelado,
Y tú tienes todo
Lo que yo siempre
Había deseado.
Yo no necesito más,
Y tú todo lo has ganado.

Los oídos del amor
No oyen malicia,
No oyen críticas,
Los oídos del amor
Sólo oyen
El eco de la pasión
En bellos susurros
Que se publican
Con acciones y halagos.

Las palabras del amor
No hieren, no dañan,
Las palabras del amor
Son bondadosas,
Son pacientes
Y son piadosas.

Las palabras del amor
Hacen soñar
Y hacen amar y añorar.
En los recuerdos
Que quedan,
Las palabras de amor
Nos dan aliento.

El corazón del amor
No da caridad,
No da limosna,
No pide, no exige,
Lo que con paciencia
Ha de llegar.

El ángel del amor
Nos rozó con sus alas
Y juntó nuestras almas,
Tú eres la causa
De mi alegría,
Y yo soy la fuerza
De tu vida.
Tú tienes todo
Lo que yo quería
Y juntos empezamos
Un nuevo camino.
Los ojos del amor
Nos ve como uno
En el camino
De tu existencia y la mía.

Octubre 1, 1996

Inseguridad

Donde hay amor,
Hay respeto
En las obligaciones,
Ideas y derechos.

Donde hay amor,
Hay confianza
Para hacer y decidir
Por uno mismo
Sin temor a nada.

Donde hay amor,
Hay bondad
Que cuida y protege
Sin dañar.

Donde hay amor,
Hay libertad
Para pensar, decidir,
Decir y optar
Sin temor
A la reacción
O al que dirá.

Donde hay amor,
Hay tranquilidad
En la conciencia
Y en el hogar
Y hay responsabilidad
En cada residente.

Donde hay amor
A uno mismo,
Hay alegría
Que se siente
Y se trasmite
A los demás.

Donde hay amor,
Es que está Dios
Y es la fuerza
Que mantiene
Y hace cambiar.

Donde hay amor a Dios,
No falta nada
Porque hay fe,
Esperanza y verdad.
Hay paz espiritual,
Tolerancia, paciencia,
Compasión
Y entendimiento.

Donde hay dudas,
Celos y control,
Es porque el acusador
Ha hecho de las suyas
Pero oprime
Con sus calumnias
Para cubrir sus pasos
Y salir ganador.

Noviembre 10, 1995

Hombres Tontos

Hombres, hombres,
Hombres tontos,
Buscan
Lo que quieren,
Quieren
Lo que buscan,
Pero cuando lo tienen,
Se quejan, amenazan,
Acusan y culpan.

Hombres,
Pobres hombres.
Egoístas y cínicos,
A la orden quieren todo
Pero dan y regresan poco.
Si no está listo,
Abusan
De su poder físico.

Hombres tontos,
Hacen de las suyas
Pero exigen inocencia,
Para hablar después
De sus vivencias
Y lo que no les gusta.

Hombres, hombres,
Hablan y critican los hechos,
Hablan de dolor
Cuando sienten el desprecio
Y fueron negados
Sus más mínimos deseos.

Hombres
De poca dignidad,
Exageran y mienten,
Publican y platican
De los amores
Que conquistan.
Se creen víctimas
De la maldad,
Pero están a la vanguardia
Y listos para atacar.

Hombres
De poco valor,
Orgullo y decencia,
Por quedar bien
Como conquistadores,
Dejan en mal a la mujer
Que los ve sin pantalones.
La mujer sale como libertina
Y ellos,
Como los grandes señores.

Hombre, sí, tú.
Sólo la boca te queda
Para sentirte superior
A la que te dio compañía,
Cariño y amor.
Hablas de coraje
Y dolor
Y la venganza
Está en el tono de voz
Al ver que, en tu soledad,
No está ni siquiera Dios.

Hombre, sí, tú.
Date cuenta
Que quien se sube,
Bajando a la mujer,
Es la peor clase.
También tú honra
Se destruye
Con cada palabra
Que divulgues.
Mejor calla y acepta
Lo que tú construyes.

Febrero 9, 1997

La Bella Y La Bestia

No cabe duda,
Los años de soledad
Me afectaron
Más de lo que parecía.
Me convertí en madre
Dedicada mi hijo
Y con la rutina del hogar,
Me convertí en reclusa
Tratando de prevenir
Las criticas duras.

Pero en mi silencio
Y en mis adentros,
Deseaba la atención,
Las palabras, los halagos,
Y el toque de un hombre
Y que viera en mí
Lo que yo era.
Sentía la soledad
En mi mente
Pero en mis manos
Escondía la pasión ardiente.

No pedía mucho,
Sólo entablar una charla,
Tal vez, que tocara mi mano,
Y a lo máximo,
Tal vez, que me diera un beso.
Pedía todo esto
Sin decir nada
Pero sentía que la gente
Me leía la mente

Y en mi imaginación
Veía mi víctima sin cara,
Veía los momentos
En diferentes escenas,
Pero yo no veía
Que los galanes se acercaran.

Después, un hombre
Se me acerca
Con cara de inocente,
De víctima o mosca muerta,
Quiere una relación,
Promueve su gran personaje
Y da los puntos buenos
De su vida,
Yo sonrío para meditar
En lo que ofrece.

LA SEDUCCIÓN

Su insistencia y coqueteo
Me provocaron a responderle,
Sus halagos
Me hicieron sonreír
Y su toque
Parecía quemar mi piel
Como brasas de fuego.

Besos al aire
Y los, *Te quiero tanto…*
Salían de sus labios.
Yo le respondía
Pero no como él quería.
Él decía ver mi hermosura
Y en su cuento
Éramos la bella y la bestia

Y reímos libremente
De la nada
Pues la imaginación
Y las palabras eran grandes.

EL ATRAPAMIENTO

Entre quejas y más quejas,
Desahoga las tristezas
Y los agobios,
Sus cuentos de hombre
Abnegado y de víctima
Por las infidelidades
De las mujeres que amó
No acababan.

Ahora, está sin dinero,
Sin casa y sin familia,
Y yo lo acepté.
Pobre hombre,
No tenía a donde ir,
Le pasaba todo lo malo
Como una temporada
De fracasos que no acaban.

Con paciencia lo consolé
Y lo animé como un crio
Y entre las quejas,
Elevó su grandiosidad
Personal
Pero en su desahogo,
Empezó a planearme
Un futuro juntos
Que a los dos convenía.

EL CONTROL

Este cuento se volvió tragedia
Constante en drama.
La risa se acabó
Y se volvió penas,
Enojos y angustias
Cuando sus celos
Querían controlar
Mi cuerpo,
Mis pensamientos,
Mi conducta y mi tiempo.

Llamadas de día,
Madrugada o noche,
Visitas inesperadas,
Ayuda sin pedir,
Protección asfixiante,
Constante persecución,
Vigilancia continua,
Interrogación y examinación
De mis sonrisas,
Lo que decía o me callaba
Y paseos inesperados
Para acabar a solas
Acusada de engañarlo
Y reprendida por mi silencio
Que lo sentía misterioso.

Su maldad venía mezclada
Con su auto victimismo,
Quería meterse en mi cabeza
Para ver que pensaba,
Me quería a sus pies
Y pegada a él
Para que no me escapara.

Yo me debía respeto
Y quise cortar la relación
Varias veces
Pero el dolor exagerado
En su cara era lamentable.
'Dame una oportunidad,
Voy a cambiar.
Te quiero tanto
Que me dan celos
Hasta de la sombra
Que te acompaña.'
Me decía con voz entrecortada
Y la inseguridad y control
Se delataban y prevalecían.

Entre su perversidad
Salían los elogios
Pero exigía mi compañía,
Amor, atención
Y palabras de cariño.
Quería todo de mí
Pero él no daba nada
Mas que molestias.
'Dime que me quieres,
Aunque sea de favor.'
Mi silencio
Y mis manos guardadas
Eran manipuladas
A seguir su juego,
Mi mano sobre su corazón
O su cabeza
Y su cara de dolor
Me hacían verlo
Con disgusto y recelo.

Puso la responsabilidad
Lejos de él y sobre mí.
'Es que tú me das
Atole con el dedo.'
Me dice con dolor crudo
En su cara.
Mi ignorancia
Me hace preguntar,
'¿Qué es eso?'
Y con cara de pordiosero
Me responde,
'Significa que me das
Las migajas de amor
De a poquito.'
Pero, ¿cómo darle
Lo que no me nace?

LAS AMENAZAS

Me cansaron sus quejas,
Control y manipulación
Y la paciencia se me acabó.
Me hice fuerte,
Como nunca antes,
Y le respondí igual,
Con fastidio y sequedad
Cual villano merece.

Las amenazas por nada,
Con tono y postura,
Eran bien calculadas.
'Si no haces
Lo que te digo,
Todos van a saber
Lo que tú haces conmigo.'
Aprendió a lastimarme

Y sus amenazas repetidas
Ponían mi reputación
En peligro.

Las palabras incendian
Y las amenazas no acaban,
Chantaje sentimental,
Eso era.
'Déjame poco a poquito
Para que no duela tanto.'
Y yo quería darle el cerrón
A la puerta
Y deshacerme
De ese espanto.

LA VENGANZA

Él no perdió tiempo,
El canalla
Fue con el cuento
De hombre sufrido
Pero, vengativamente,
Arrastró mi nombre
Por el lodo.
Para quien lo oyó,
Yo fui la libertina
Y él era el hombre de respeto
Y, a causa de esto,
Hubo muchas guerras,
Enemigos nuevos
Y gente que se creían
Mejor que yo,
Y eso es porque no les digo
Lo que pienso de ellos.

ANÁLISIS

Él tuvo razón,
Era una bestia,
Feo como su conciencia
Y brutalmente dañino
Para mi mente y espíritu.
Fui la presa perfecta
Para su agresión.
No estaba consciente
Del daño que me venía,
Se aprovechó
De todo lo que vio,
Mi cuerpo despedía soledad,
Mi cara mostraba
La falta de atención
Y mi mente revelaba
La desprotección.

De hombre bueno,
Pasó a ser
Un animal provocado,
Que se enfurecía
Y sus gritos en voz baja
Y golpes
Con la mano quieta,
Lastiman y sepultan el cariño
Que nunca se ganó.

Me salvé
De una vida funesta,
Cuidándome de todo
Para que el amo
Viviera contento.
Pero el amo no es hombre,
Si, como pícaro,

Roba, prueba, exige y ordena
Y después se queja y aúlla
Como lobo en la selva
Cuando sus demandas
No se alimentan.
Aprendí bien la lección
Y ningún hombre
Me hace tonta otra vez.
Abrí los ojos
Y me deshice de esa carga
Lastimándome la espalda,
Las piernas y el alma.
Me tomó tiempo,
Esfuerzo y análisis
En los incidentes
Para entender
Que mi autoestima
Es un imán
Para el hombre machista,
Y eso, lo tengo que cambiar.

Lo que no dije antes,
Lo digo ahora;
El hombre
Que esté libre de pecado,
Que se ponga de pie
Para hacerle un altar
Y convertirlo en santo
Porque el hombre
Que traiciona, controla,
Divulga y miente,
Es ruin y cobarde.

Aunque ahora me defiendo
Con uñas y dientes,
Veo que por desgracia,

Algunos no ven
Que la ira y los celos
Ensordecen y ciegan
Y matan el afecto.
Y, para que el amor
Sea bueno y duradero,
Se da a voluntad
Y no a la fuerza
Pues el amor se gana
Con buenos actos
Y decencia.

Noviembre 29, 1999

El Apagón

El verano llega
Con un calor calcinante
Que continuamente
Causa los apagones
Cuando el calor
Está más fuerte.
En plena tarde,
La humedad y calor
Vuelve un horno
Las afueras de la casa.

Va cayendo la noche
Y la calle oscura
Se ve tranquila.
Llega el enamorado
Que muestra preocupación
Y, como hombre cometido,
Se queda a cuidarme.
No entiende
Que yo no necesito escolta
Si con cerrar la puerta
Es suficiente.

Sentados en el umbral,
Platicamos
Para conocernos
Y con el tiempo,
La plática
Y las observaciones
De los vecinos
Se vuelven repetitivas.
Finalmente,

A media noche
Se va el enamorado
Sintiéndose bien y útil
De haberme cuidado
Aunque nadie le pidió
Pero insiste
Que está allí
Para ayudar y protegerme.

Octubre 25, 1996

ENSUEÑOS

Un futuro diferente
Se desea
En medio
De los problemas diarios
Y de las riñas
Que causan malestares,
En medio
De los dilemas frecuentes
Que se ven pesados,
En medio
De quejas, regaños,
Amenazas, dificultades
Y dime y diretes
Que parecen
Nunca acabarse.
Surgen imágenes
Y voces enigmáticas,
Surgen luces cálidas,
Surgen fantasmas
Que hablan y me responden,
Y surgen ensueños
Que me llevan la mente
A otro mundo
Y otros tiempos
De un futuro incierto.

El Internet

En sus inicios,
Cuando no había
Tanta corrupción
Y maldad social,
Llegó internet
Como un ingenio divertido.
Se conectó en mi casa
Y me trajo amigos,
Pretendientes, oportunidades
Y conocimiento.

En una vida
Problemática,
Llena de dramas
Enemigos y complots,
El internet fue mi escape
Al mundo
Y un escape de mi mundo.
Me trajo entresueños,
Fue una visión atractiva,
Fue una aventura tocar,
Y fue un respiro
De aire fresco.

Pronto, caí en la trampa
De una ilusión
Y el internet fue mi guía
Y mi destrucción.
Oí una voz cariñosa
Proveniente de un aparato
Que me decía,
'Ven, sígueme,'

Y engatusada lo seguí.
Inconscientemente,
Me enamoré con una sombra,
— Una imagen borrosa
De alguien que no conozco
Pero me gusta la idea.

Él habló amablemente
Según fue necesario,
Caminé a ciegas
Y me tambaleé por su culpa.
Después de unas palabras
Y noches
De diversión sin fin,
Todo acabó en un segundo,
Todo desapareció
Trágicamente
Cuando desperté,
El dolor en el tobillo era real
Pero el dolor
Por ese individuo
Sólo fue imaginado.

Qué tragedia fue,
Pensé que era real
Yo quería tocarlo
Y hacerlo mío
Pero fue una ilusión,
Un sueño, una fantasía.

Diciembre 31, 1998

Como Un Ángel

Con las manos de un ángel
Tú alivias mi dolor y estrés,
Con los oídos de un ángel
Calladamente escuchas
Todas mis quejas,
Con las palabras de un ángel
Me animas y me aconsejas
Para el paso que pueda tomar.

Como un ángel amigo
De mis pensamientos,
Me haces sentir de mí positivo,
Te confío el verdadero yo
Despierta y dormida.

Como ángel guardián,
Eres paciente, noble y atento,
Por ti tengo fe, sueños,
Deseos y esperanzas.
Tú provocas lo mejor de mí
Y por ti sé que los ángeles
No ofrecen ni prometen,
Sólo dan
Porque así eres tú — conmigo.

Julio 27, 1997

Hoy

Por fin,
El día ha llegado,
Tu amor me has dado
Y hoy unimos
Nuestras almas
Con amor y humildad.

Te entrego
Mis sentimientos puros,
Sabiendo
Que me amas igual.
Vendrán tiempos
Buenos y duros,
Pero unidos venceremos
Toda adversidad.

Hoy comienza todo.
La soledad atrás quedó
Y le agradezco al cielo
Que en ti encontré
Al amigo, al amante,
Al compañero
Que llena con su cariño
Todo mi tiempo.

Enero 28, 1995

Unidos

Con las almas puras
Y flores
Entre tus manos,
Ante el altar
De Dios y la gente,
Prometemos amarnos
Como en el pasado
Y siempre.

El beso
Que nos damos,
Es prueba de amor
Que demostramos
Con orgullo y honor.
No temas,
Este aprobado por Dios
Y los invitados.

El vals del amor
Están tocando ya.
Dame tu mano
Amor mío,
Y déjate llevar
Por la música
De nuestros recuerdos
Y acabemos la noche
Enamorados igual.

Que las rondas
Del champaña
No se detengan.
Brindemos,
Que si el mañana
Nos trae
Alguna adversidad,
Sé que unidos
La venceremos.

Te invito a soñar
Y realizar
Nuestro futuro.
Unidos desde hoy,
Como amantes
Y amigos,
Poca es la eternidad
Si se ama
Sinceramente.

Desaparezcamos
De la fiesta
Y viajemos
A nuestra luna.
Si Dios permite,
Por mi parte,
Este amor no tendrá fin.
Tu eterno amante
Te lo asegura.

Febrero 19, 1995

Otra Vez

A pesar
De mis tantos años
Y las amargas
Experiencias de mi vida,
Sigo siendo confiada,
Todavía ingenua,
Todavía una niña.

Aunque tenga
Buenos maestros
Y las lecciones
Son interesantes,
No puedo pasar la prueba.
Otra vez, vuelvo a caer
Con el mismo tipo
De piedra.
Y Dios desde arriba
Me ve y me dice,
¡Ay mujer,
Ahí vas otra vez!"

Me enamoré
De un fantasma,
Me enamoré
De una visión,
Me enamoré
De una imagen,
De una ilusión.
¡Qué estupidez!
Lloro por un amor
Que no conozco
Y él ni me siente ni me ve.

Por sus palabras de cariño,
Caí en la trampa del amor.
Siento que me apachurran
El alma,
Y no sé lo que pasa.
¿Dónde está mi sanidad?

¡Qué locura!
Una ilusión hace que sonría.
¡Qué torpeza!
Otra decepción imprevista.

Agosto 15, 1997

Con Una Rosa

Con una rosa en mi mano
Y voz temblorosa,
Aquí estoy para decirte
De mis sentimientos por ti.

Te he querido decir
Antes,
Pero he sido precavido,
Ahora sé,
Que este es el lugar
Y momento
Para decirte que te quiero.

Tú me haces feliz
Cuando estás cerca,
Siento tristeza
Cuando te alejas.

Aquí, te propongo
Que nos conozcamos mejor
Porque me gustaría
Verte más seguido
De una manera personal.

Marzo 20, 1997

Y Llegas Tú

Sumergida
En las frustraciones
Y tristezas de mi vida,
Había perdido
Las esperanzas
De amar y ser querida,
Me aislé del mundo
Y me arrumbé
En mi soledad
Y, ciertamente,
Acepté el madurar.

Y de repente, llegas tú.
Con tu cariño de amigo
Me hiciste sentir
Segura
Que el mundo no olvida
Las palabras bonitas
Que expresan ternura.
Por tus lindos motivos,
Me siento
Ahora dispuesta
A ofrecer
Y aceptar el cariño
Que se da sin compromiso.

Tu nombre:
Espadachín,
Me impresionó.
Un duelista, un guerrero,
Un diestro en la espada
Y en el amor.

Y así te vi—
Fuerte, conquistador,
Invencible,
Que lucha y sufre,
Pero nada ve imposible.

Y llegaste tú
Como mi héroe.
Con tus muestras
De cariño,
Me salvas
De mi vida cotidiana
Y mis melodramas.
Me conquistan
Tus palabras dulces,
Me gusta lo nuevo
Que de ti surge.

Y llegas tú
A mi cuento de hadas.
Me siento la princesa
Y tú mi príncipe
Que derribar todo puede
Y las barreras sobrepasa.

Y llegas tú
Como el guerrero del amor.
Como él, eres indomable,
Poderoso e insistente.
Gracias a ti,
Siento
Mi corazón latente.
Eres noble y paciente,
Y me gusta tu sabiduría
Siempre desafiante.

Y llegas tú
Como el ángel
Que se esconde
Tras la luna,
Y como el ángel
Que veo salir con el sol.
Así llenas tú
Mi tiempo vacío
Y lo haces todo
Mucho mejor.

Y llegas tú
A mis sueños.
Me quedo dormida
Abrazando mi almohada,
Y sueño que te tengo
En mi cama.
Te beso, te acaricio,
Como si no hubiera
Un mañana.

Y, otra vez,
Llegas tú.
Al despertarme
Con tu imagen
Grabada en mi mente,
Una sonrisa
Se dibuja en mi rostro.
Parezco una adolescente
Al recordar tus palabras,
Me haces soñar.
Y sin querer
Me vuelvo a ilusionar
Con la idea del amor.

Me gusta todo de ti.
Me gusta que me des
Tu amor en pedacitos.
Me gustan
Tus insinuaciones
Y pensamientos íntimos.
Me gusta la idea
Que conmigo
Puedas saciar
Tus deseos prohibidos.

Me gustaría verte complacido,
Porque eres único,
Porque eres especial,
Yo sé que no hay otro
Como tú.
Por ti lucharé
Y derribaré espacio
Y tiempo,
Por ti venceré
Todo lo agobiante,
Te lo prometo.

Septiembre 10, 1997

Aquí Estoy

Aquí estoy,
Con la mirada fija al teléfono,
Esperando impaciente
Oírlo sonar.

Una mirada al reloj
Y veo la aguja
Que marca los segundos
Moverse tan lentamente.

Aquí estoy,
Con la esperanza viva
Por oír tu voz
Al otro lado de la línea.

Aquí estoy, planeando
Nuestra conversación
Y me pregunto
Cómo responderías.
Es urgente que hablemos,
Es urgente
Oír tu voz,
Ya no puedo esconder
Mis palabras de amor.

Octubre 13, 1999

Honestidad

Me pongo nerviosa
Al oír tu voz,
Y no sé qué contestar,
Te he dicho de mi amor,
Lo has de recordar.

 No te conozco,
Pero siento cariño por ti.
Si me dijeras que vendrías,
Me harías tan feliz.

Me imagino
Como tu amante
Y tu compañera,
Sé que te haría dichoso,
Si me lo permitieras.

Aunque tengas
En quien pensar,
No me puedes evitar
Que sueñe contigo.
Te extraño, te deseo,
Te lo digo
Pero tú estás allá, yo aquí,
Tú disfrutando con ella
Y yo, pidiendo por ti.

Abril 15, 1998

La pasión
Es una fuerza emocional
Que incita y ciega
Por lo que hace falta,
Por lo que se desea,
Y se busca ese alguien
A quien darle todo
Para sentir sosiego
Y satisfacción.
Pero la pasión,
Como las ilusiones pasajeras,
No es duradera ni real.
Sin embargo,
La pasión
Deja sentimientos
Y dolores únicos
Y personales.

Noviembre 2, 1998

La Lluvia Del Amor

La lluvia del amor,
Que llega en chispitas,
Como la amistad y la pasión,
Trae alegría y sueños
Y hace que el romance vibre.
Y la lluvia del amor
Nos encontró
Y cayó sobre nosotros
Rápido, duro y pesado
Y se prolongó
Hasta que la nube se vació.

Nos bañamos
Con agua caliente
Que bajaba del cielo
Como la lluvia del amor
Que nos purifica el corazón.
El agua corría lento
E hizo camino
De mi cuerpo al tuyo
Formando riachuelos,
Y llega el temporal
Que nos rodea
De nubes negras
Listas para soltar su agua.
La lluvia era para nosotros
Y sólo para nosotros,
Seguía nuestras manos
Y los pasos que dábamos.

La lluvia del amor
Convierte dos arroyos tranquilos
En un rio desaforado
Y después,
Unen su camino
En la ruta hacia el mar.
El mar desata su furia
Y trae más lluvia
Y tempestades
Y se hace un ciclo
De lo que es la vida
Como la amistad,
El amor y la pasión.

Enero 27, 1995

Antojos

Se me antoja amar,
Se me antoja
Tener compañía,
Tengo ganas
De muchas cosas prohibidas,
Deseo un amante
Salvaje, tierno,
Apasionado y sabio
De todos mis deseos.

Quiero un amante
Que le haga el amor
A mi cara, a mis labios,
A mis manos y mi cuerpo,
Que me ame con una mirada,
Con una sonrisa,
Con un toque lleno de fuego.
Sueño ser seducida
Con el romance
Y asaltada
Con la pación viva.

Anhelo de un amante
Que sus besos
Me hagan suspirar.
Se me antojan
Besos pacientes,
Suaves y frágiles,
Se me antojan
Besos hambrientos
Y llenos de lumbre,
De fuerza y de poder

Que me dejen sin aliento.
Quiero que me robe un beso
En cualquier parte
Y a cualquier tiempo.

Busco un amante
Que me satisfaga,
Quiero todo
Emocionalmente,
Pido todo en un instante
Dentro de mi alcoba
Para no tener ganas
De ir en busca de lo ajeno,
Igual a mí,
Su corazón insaciable
De amor quedará lleno.

Ambiciono un amante
Que me conquiste cada día
Con cosas sencillas,
Necesito que me quiera
Por dentro y por fuera.
Quiero un amante
Que me dé todo
Sin pedirle nada,
Y todo lo que haga,
Lo haga sin conveniencia
Y aunque tenga mil experiencias,
Que me muestre su cariño
Con la más pura inocencia.

Necesito un amante
Que vea al mundo
A través de mis ojos,
Un hombre que admire
Mis ideas y me elogie

En lo que haga,
Pero que sea honesto
En sus comentarios
Y respuestas.

Quiero que un hombre
Sea mi héroe,
Que sea mi príncipe azul,
Que me haga soñar,
Que me enseñe a vivir
Y con él encuentre la luz.
Me gustaría un amante
Que, por el amor que me dé,
Se sienta orgulloso y alegre
De ser quien es.
Quiero alguien
Que, con una palabra,
Me haga sentir especial,
Que sepa que para el mundo
Soy importante,
Y para él,
Yo soy esencial.

Se me antoja
Un amante sexual
Que ame todo de mí,
Un amante amigo
Que me escuche
Y sea consejero,
Un amante compañero
Que sea ayudante,
Comprensivo y sincero.
Quiero un amante
Siempre eterno
Que sea valiente y leal.
Quiero un amante

Que, por lo que haga,
Me haga soñar.
Yo daré todo de mí
Para tenerlo
Contento y feliz.

Julio 16, 1995

108

Este Corazón

Este corazón
Que mucho se queja
Y sufre,
Siente y llora,
A través de letras,
El dolor despeja.

Este corazón
También agradece
Y entiende
Las palabras bonitas
Que incitan sonrisas
A ratos,
Y trae sueños
Y esperanzas
De por vida.

Noviembre 10, 1999

Déjame

Déjame sacar la ponzoña
De tu pecho,
Déjame reconstruir
Tu corazón deshecho,
Déjame ser la musa
Que te da la inspiración,
Déjame ser el motivo
De tu pación.

Déjame ser el ángel
De tus sueños,
Déjame ser en quien
Hagas tus anhelos,
Déjame ser la amiga
En quien confíes,
Déjame ser aquella
Con quien ríes.

Déjame cambiar
Tus decepciones
Por alegrías,
Déjame ser la muñeca
Que a tu cuerpo arrimas,
Déjame acariciarte
En sueños y realidad,
Déjame quererte
Para toda una eternidad.

Déjame liberar
Todas mis emociones
Escondidas,
Déjame sentir
Las sensaciones
Que tenía escritas,
Déjame dibujar mi futuro
Con el pincel de tu amor,
Déjame borrar los disturbios
Que el tiempo dejó.

Déjate llevar
Por el instinto
De la seducción,
Déjate guiar
Por el cariño y el amor,
Déjate querer,
Hoy y siempre,
Déjate amar sin barreras
Y sin inconvenientes,
Déjate conquistar
Sólo por mí.
Deja correr tu imaginación
Y déjame hacerte feliz.

Abril 22 1997

Virtudes

La virtud
Es una cualidad,
Es la sinceridad
Consigo mismo y los demás,
Es apreciar y compartir
Lo que sabemos y tenemos,
Virtud es respetar
Los derechos ajenos.

Virtud es personal,
Es superación,
Es respeto, decencia
Y discreción.
Es paciencia y piedad,
En actitud por otros,
Es autocontrol
Al hablar y al reaccionar.

Virtud es prudencia,
Es justicia, fortaleza
Y templanza.
Virtud es amor,
Fe, caridad y esperanza,
Es ayudar
Antes que haga falta,
Cuando el momento
Lo indique,
Es hacer el bien
A quien lo necesite.

Virtud
Es reconocer los errores
Y admitirlo
A quien los oye.
Virtud es reconocer
A quien lo merece.

La virtud
Es agradecimiento,
Es decir con el corazón,
Te quiero,
Perdóname,
Te perdono
O *Gracias,*
Y dejar a un lado
Toda y cuan
Basura emocional.

Virtud es perdonar
Las ofensas,
Es olvidar esas palabras
Que mantienen
El dolor atado.
Virtud es dejar el dolor
Y el rencor
Y vivir en harmonía.

La virtud sexual
Es inocencia y virginidad
De cuerpo y mente,
Es entregarse ciegamente
Por amor al ser amado
En el momento razonable
Y serle fiel.

Virtud
Es tener pocas parejas
Pero amar intensamente,
Es hacer feliz a la pareja
Y hacer lo posible
Para que trabaje la relación.

La virginidad
No es virtud.
Tal vez nadie
Les ha sugerido
Lo prohibido,
Tal vez no han querido
A nadie lo suficiente
Para la intimidad,
Pues cuando
Uno ama de verdad,
Uno se olvida de prejuicios
Consejos y criterios.

Enero 9, 1999

ALUCINACIONES

El pasado
Que hemos vivido
Es un recuerdo cierto,
Un conjunto de pesadillas,
Alucinaciones
O sueños muertos.
El pasado
Puede dejar pruebas
Que existió
Dejando heridas abiertas
Que duelen toda la vida.
El pasado
Se puede bloquear
Para evitar más daños
O se puede analizar
Para ver nuestros errores
Y el proceso de las cosas.

Charlatán

Una pobre tonta
Se enamoró de un hombre
Que resultó ser un charlatán
Y ella, tonta, inocente,
Ignorante y crédula,
Joven e inexperta
En relaciones sociales,
No vio los síntomas
Ni las consecuencias.

El interés de ella era firme
Y se revelaba
Pero él fluctuaba.
Ella no veía el efecto
En los meses de andar tras él
Pero era medio coqueto,
Medio distante,
Medio platicador,
Medio cortante,
Medio atractivo,
Medio antipático,
Medio amistoso,
Medio antisocial,
Medio interesante
Y medio servicial.
A veces la buscaba
Y otras veces
Se mantenía lejos.

Ella hizo todo
Para llamar su atención
Pero parecía que nada

Funcionaba
Para que se decidiera,
Parecía que nada cambiaba
La balanza a su beneficio
Y era impenetrable
Su acto de indiferencia.
Pero un charlatán cede un poco
Al ver que el juguete,
Que de lejos controla,
Está por dar la vuelta
En los últimos pasos
De la carrera.

El charlatán
Vuelve a tomar la rienda
De una relación
Que no parecía ser
Y con halagos
Y palabras de cariño,
Hace creer a la pobre tonta
Que está enamorado.
Salpica las conversaciones
Y los tiempos
Con los besos y los *Te quiero*.
Al charlatán también
Lo manipulan de arriba
Y, como monigote,
Hace y se mueve
Como le mandan.
Lo bueno del enamoramiento
Se vuelve una bomba de ira,
Siempre sospechoso,
En cual escenario y momento.
Con el oído puesto
Y alimentado
Por las acusaciones sin fondo

Y, con la mente llena,
Encuentra buen pretexto
Para cimentar su puesto,
Su fuerza y su rango
Mientras él confunde
Su auto recelo
Con los celos de amante.

Hipócrita como ningún otro,
El charlatán, en público,
Era respetuoso
Y era su mano derecha.
Fue buen acompañante
Y la hizo sentir protegida
Y segura de sí misma
Pero en privado,
Era la fiera de la selva
Y el demonio
De las pesadillas
Que la hacía sentir de lo peor
Con sus ofensas
Y tantos gritos.

La pobre tonta
Llora y se enoja
Y siempre sale la culpable
Pero las disculpas
Superficiales
Del charlatán
Llenaban el silencio.
La autoestima alta
Que la pobre tonta
Tuvo una vez,
Ahora corría por el suelo
Como agua en tierra caliente.

Charlatán, sí que fue,
Hablaba de matrimonio
Y de hijos,
Le llenó la cabeza de sueños
Y la hizo ver sus visiones
Pero en el rompimiento,
Salió que nunca la quiso
Y sólo lástima sentía.
Después ya no quiso
Su parte del problema
Porque ya tenía otras metas
Y por su cuenta,
No toma la responsabilidad
Que debía ser.
El hombre charlatán,
Cobarde, frívolo
Y convenenciero,
Que decía querer
A la pobre tonta,
Ahora dice que todo esto
Fueron cuentos inventados
Y escogió ser su enemigo
Al momento del rompimiento.

Miserable charlatán,
Un hombre ruin
Hace pretextos y cuentos,
Finge, compone y miente
Para verse bien
Y no tener cargo
De consciencia.
Es evidente
Que para no estar solo
Y ver su vida fracasada,
Se acopla, usa y descarta
Quien lo quiera y esté cerca.

Él negará su verdad
Pues, ¿Quién se queda
En una relación por lástima
Pero muestra cariño,
Unidad y celos?

Un charlatán
Miente, miente, miente,
Engaña y engatusa,
Para un charlatán,
Tramposo y traidor,
El rompimiento
Y las despedidas
Son fácil y rápido
Cuando hay suplente.
Sin embargo, aunque quiera
Una vida decente,
Para no estar solo,
Un charlatán
Hace cual cosa
Y complace a quien sea
Pues teme la oscuridad.
Nunca ve lo que tenía
Y lo que destruyó
Haciéndose la víctima
Pero cuidándose
Que no le hagan a él,
Lo que a otros les ha hecho.

Noviembre 27, 1998

Negligente

Hombre negligente,
Me hizo al lado
Para después,
Pareja posesiva,
Me puso en mi lugar
Cuando él dijo
Que me salía fuera de control,
Amante negligente,
No veía lo que tenía
Hasta que fue muy tarde.

Hombre negligente,
Indeciso para todo,
Aplaza cada problema
Poniendo para después
Lo que podrá ser.
Hombre negligente
Se convirtió
En padre negligente
Para complacer a la mujer
Que es más fuerte que él.

Septiembre 18, 1993

Realización

Me sentía ganadora
Por tenerlo a él,
Me sentía triunfadora
Porque él me escogió a mí
Entre todas sus admiradoras.
Me sentía feliz
Porque el hombre que quiero,
Ahora me enamora.

Por mi voluntad
Fui ciega y tonta,
Cedí, me rendí
A su dominio
Según las palabras de cariño
Entraban en mi cabeza.
Siempre sobrevaloré
Las caricias y los actos,
Me dejé vencer
Por los *Te quiero*
Que él ha profesado
Y yo no vi
Las intenciones malvadas
O los resultados hipócritas.

Me sentía completa
Por tenerlo a él
En mi vida y a mi lado,
Pensé que era feliz
Y me traía la felicidad
Pero no veía
Que los minutos de risas
Y buen temperamento

Los opacaban
Sus gritos, su dictadura
Y su dedo en mi cara
Y haciéndome la culpable
De todo lo que pasa.

Pensé que él
Me daba seguridad
Y elevaba mi autoestima
Pero no veía
Que, entre los piropos,
Venían las críticas, las quejas,
Los insultos, y las amenazas.
No veía
Que vivía cuidándome
Para no causar enojos
Y no hacer guerras.

Pensé que sus escenas
De celos
Eran por amor,
No veía que sus celos
Eran un modo de control,
No veía
Que era por su bajo autoestima.
Pensé que su control
Era amor y protección,
No veía que eran una cubierta
Para tenerme acorralada.
Pensé que su enojo
Era por razón,
No veía lo débil que él era,
Y lo cobarde que fue
Al pelear conmigo
Y presumir su fuerza.

Pensé que él traía
La diversión
A mi vida monótona
Y le tomé afecto
A todo lo que aprendía con él.
Pensé que no necesitaba
De otra gente
Porque lo que el ofrecía
Parecía duradero.
No veía el mal
Del aislamiento,
No veía la manipulación
En su comportamiento.

Pensé que él sería
Guardian de mis secretos,
Mis temores, debilidades,
Disgustos y caprichos
Pero no veía y no entendía
Que él era el divulgador
De lo que yo hacía y hablaba.

Pensé que él me daba
El lugar que merecía,
Pensé que él me daba dirección
Y que sin él me perdería
Entre las masas
O en la vida cotidiana,
No veía
Que él detenía mis pasos.

Creí que él me la daba
La fuerza mental y física,
Para hablar, hacer
Y defenderme.
Creí que me hacía fuerte

Porque me daba cariño
Y me prestaba atención,
Pensaba que él
Me mantenía segura.
No veía
Que ese cariño era caro
Y su atención
No me daba respeto
Y yo no estaba segura.

Con el tiempo me doy cuenta
Que la fuerza, la alegría,
La seguridad y entereza,
Todo lo tengo yo,
Todo viene de mi adentro.

Diciembre 28, 1999

Las Guerras

El hombre que me sonreía
Muy coquetamente,
Me llenaba de besos,
Caricias y palabras bonitas,
Me tenía engatusada
Con sus palabras de amor.
El hombre que decía
Descubrir recuerdos de mí
En las canciones que oía,
Estaba celoso de todos
Que, por quererme tanto,
No me quería compartir
Con nadie
Y exigía mi honestidad
Para sentirse seguro,
—Ese mismo hombre
Me mintió en todo aspecto,
Nunca fue en serio lo que decía.

El hombre que tenía
Mi lealtad ciegamente,
Tenía mi tiempo, mi atención
Y mi amor a su disposición.
El hombre que no entendía
Mis palabras, mi punto de vista,
O mis ansias de verlo.
Frecuente me decía
Que yo vivía en una fantasía
Por desear cariño,
—Ese mismo hombre
Ahora miente
Hasta por los dientes.

El hombre que decía
Quererme y hablaba
De matrimonio e hijos,
Prometió nunca herirme
Cuando decía querer
Envejecer junto a mí.
El hombre que frecuente decía
Yo era su mejor amiga
Y que no podría vivir sin mí,
Fue mi amante y mi amigo,
—Ese mismo hombre
Le dio el cerrón a la puerta
Y huyó como delincuente
Cuando tuvo otra oferta.

El hombre que pretende
Lealtad, sinceridad y dolor,
Se lloraba 'Pobre de mí'
Con la familia que todo le tapa,
Y les negó quererme
Para empezar una vida nueva
Sin recriminaciones.
El hombre que pretendía
Victimismo con la mujer
Y conmigo,
Era quien llevaba y traía chismes
Y a todos nos puso en contra.
El hombre y su gente
Que me acusaban
De crímenes morales y legales
Para fingirse inocente,
—Ese mismo hombre,
Con la ayuda de todos ellos,
Arrastró por el lodo
Mi nombre y mi orgullo
Con sus calumnias.

El hombre que nunca aceptó
Órdenes de mí,
Parecía valiente, seguro
Fuerte e independiente
Cuando ostentaba su machismo
Contra mi debilidad.
El hombre que me enseñó
A depender de él
Para después echarme en cara
Sus favores hechos,
En sus puntos bajos,
Me lloraba que no lo dejara
Pero no se pudo deshacer de ella.
El hombre que es ahora
Obediente a ella,
No piensa, no va
Y no hace nada solo,
Viene como parte del paquete,
Ahora vive de reglas,
Gustos y caprichos
De una mujer cualquiera,
—Ese mismo hombre
Es ahora mi enemigo público
Número uno
Y la mujer es el número dos.

El hombre que me pidió
Una oportunidad
Y decía querer ser padre
Para nuestro hijo,
Se olvidó que el tiempo es oro
Y las palabras son una carga
Que cuestan caras.
El hombre que no se presentó
Al nacimiento
Porque se lo tenían prohibido,

Después hacía pretextos
Para no ver a su primer hijo
Y no se atrevía a perturbar la paz
Con una mujer controladora,
—Ese mismo hombre
Conoció al bebé
Al lado del camino.

El hombre que hacía
Al niño a un lado
Y decía vería que podía hacer
Por el niño en un tiempo después,
Se mantenía callado y distante
Aun viviendo cerca.
El hombre que no tenía interés
O conocimiento en temas legales,
Tenía ataques de rabia
Por la manutención
Y pide la custodia total
Pues quiere vengarse de mí
De todos los modos posibles.
El hombre que hace todo asesorado
Por las experiencias de la mujer,
Viene respaldado por la familia
Para aparentar ser buen padre
Y buen hijo,
—Ese mismo hombre y ella
Son monstruos mentirosos
En la corte.

El hombre que no puso
Atención a mis escrituras,
Ahora diseca
Cada una de mis palabras
Para contradecirlas con mentiras
Y retuerce mis palabras a su favor,

Y altera los recuerdos y los hechos.
El hombre que llama al policía
En cada intercambio
Por un riesgo y peligro
Que sólo en su mente existe,
Me involucra
En crímenes inventados
Y trae testigos falsos.
El hombre que tiene a los jueces
Y los policías de su parte,
Sonríe muy amable y tranquilo.
En la corte, habla con voz suave,
Largo y tendido,
Y estaba ganando el caso
A base de mentiras y exageraciones,
—Ese mismo hombre
Resultó buen actor
Pues a mí me sonríe
Con una mirada malvada
Y se burla de mí
Pero en las audiencias,
Parece un santo.

El hombre que peleaba al niño,
No estaba presente
Para gozar y cuidar de él
Pero fue impaciente y enojón
Con el niño
Porque cuando se hacen las cosas
Por venganza,
No hay espacio o motivación
Para el entendimiento.
El hombre que me creía
Incompetente y débil,
Pensó que yo me rendiría
Y, fácil, le entregaría a mi hijo

Pero se equivocó,
No ve que como madre
Soy invencible.
—Ese mismo hombre
Realmente me conoció
Cuando di el ataque final.

Lástima que no vi
Al momento que pasaba
Porque parece que he vivido
Una vida de guerras
Peleando con la familia
Para poder querer al hombre.
Vivía peleando con el hombre
Por su machismo estúpido
Que no deja nada más que penas.
Viví peleando con el hombre
Para que quisiera a mi niño
Como su padre que es
Pero no le pude evitar a mi hijo
El rechazo y la negligencia.
Viví peleando con el sistema
Que no quiere ver el mal
Y las consecuencias
De la venganza emocional
Porque un hombre
Que quiere ser padre de un hijo,
Le da el tiempo, respeto,
Seguridad y cariño
Desde el principio
Y nunca lo hace a un lado
Ni lo deja para después.

Diciembre 31, 1999

Sofocación

He llorado mucho
A causa del pasado
Y ahora, tanto es el enojo
Que vivo
Con la boca amarga.
El pasado
Es como una entidad
Que no se va
Y no me deja en paz,
Es despiadado y vengativo,
Pelea y discute por tonterías
Pero el único afectado
Es mi hijo.

Las guerras con el pasado
No se disminuyen
Y no acaban,
Son continuas y consistentes
Y con tan sólo verlo,
Mi estómago se revuelve.

Estas guerras legales,
Las tantas audiencias
Y los requisitos,
La investigación, el proceso
De presentar papeleo,
Ha sido fatiga emocional,
Tiempo gastado
Y me ha salido muy caro,
Nunca he sido rica
Pero esto me ha arruinado.

Vivo sofocada
Como si viviera en un calabozo
Y con la luz apagada.
Es una sofocación
Como si estuviera en el desierto
A 200 grados,
Me siento sofocada
Como si me hubieran dado
Un golpe en el vientre
Y el impacto
Sin aliento me ha dejado.

Necesito
Abrirme camino
Para poder respirar,
Necesito pensar en mí
Y en mi hijo,
Necesito escaparme
Y dejar ese bulto
De problemas atrás,
Necesito pisar libertad
Para mi sanidad.

Julio 2, 1999

Incertidumbre

Qué triste es
Oír las palabras,
'No te amo,
Ya no te amo,
Nunca te amé,
Estoy enamorado
De alguien más,
Por tu propias obras,
Nunca volveré.'
El mundo se derrumba,
Los ruidos se apagan,
La visión se nubla,
Un aire frío entra a mi alma.
Me hace temblar,
Y una sensación helada
Va de la cabeza a mis pies.
Un peso me cae
Que me deja inmóvil,
Un nudo grande
En mi garganta
No me deja hablar
Y mis venas se anudan,
La sangre
No corre al corazón
Me estoy ahogando,
– No puedo respirar.

¿Lloro o me enojo?
¿Haré preguntas
O me quedo callada?
Los elogios frecuentes
A mi inteligencia y belleza,
¿De verdad los sintió
O todo eso fue
Para tenerme engatusada?
¿Cómo puede el hombre
Decirme que no me quiere
Si me decía a diario
Que me amaba?
¿Está mintiendo ahora
O mentía en aquellos tiempos?
¿Lo fuerzan a ser
Brusco e indiferente
O estaba presionado
A decirme que me amaba
En aquel entonces?

¿Todos esos besos
Y abrazos eran falsos?
La entrega total
Haciendo el amor,
¿Fue de un fraude
E impostor?
La protección
Y la posesividad,
¿Fueron modos
De mantenerme cautiva
O de verdad
Era un hombre cariñoso?
La inseguridad
Y las escenas de celos,
¿Fueron reales
Por amor
O todo fue una actuación
Para proteger su hombría?
¿Él me quería para él
O la soledad
Era más intimidante?

Las palabras
Amor,
Mejor Amiga,
Matrimonio,
Hijos
Y *Para Siempre,*
¿Cómo pueden ser dichas
Si no se sienten?
Los planes y sueños
De formar un hogar
Y familia,
¿Fueron mentiras
O lo fuerzan a negar
Lo que parecía verdad?
Las palabras
De matrimonio e hijos,
¿Cómo fueron repetidas
Si no lo quería
O no lo sentía?
¿Lo están forzando
A mentir ahora
O estaba obligado a mentir
En aquellos tiempos?

Ahora dice no quererme,
¿Será honesto
Con él mismo,
O está haciendo
Lo que se espera de él?
¿Lo están forzando
A desarrollar
El papel de hombre frío
O sus palabras
Son en venganza
Porque yo deshice
La relación?

Pero la pregunta
Mas importante es,
Si nunca me quiso,
¿Por qué me pidió
Que fuera su novia?
¿Por qué simplemente
No me dijo adiós de lejos
Y dejarme ser
Para alguien más?

Mayo 3, 1991

Dolor

El dolor de amar a alguien
Y quedar encantada
Por la chispa en su sonrisa,
El destello en sus ojos
Y las mentiras que dijo,
Es abrumante.

El dolor de dejar que el hombre
Me dirigiera y me empujara
Al abismo, es espantoso
Pues creía que me amaba
Y que era el héroe
Que me salvaba
Antes de la tragedia.

El dolor de ser regañada,
Gritada, menospreciada,
Hecha menos e insultada
Hasta que lloraba,
Aplasta el alma.

El dolor de ser excluida
Para evitar la furia de celos,
Mata la mente
Pero una palabra de cariño
Es lo mejor para revivir
Y es el mejor encubrimiento
Para hacerme yo misma creer
Que soy querida.

El dolor de acabar
Una relación abruptamente

Y el dolor de ser culpada,
Nunca se va.
El dolor es tan gráfico
Que todo lo demás
Queda descolorido,
Me dejó con las manos vacías,
El corazón deshecho
Y ser auto reprendida.

El dolor del engaño
Y de sus mentiras,
Nunca disminuye.
El dolor de saber
Que habla mal de mí
Cuando nunca me dijo
Nada en mi cara,
Es excesivamente grande.

El dolor de querer entenderlo
Y oír sus quejas
Desfavorables contra ella,
No satisface ni consuela.

El dolor de oírlo pedirme
Deshacerme del paquete
Para mitigarle los problemas
Pues le han presentado
La misma sorpresa
Ya dos veces,
Me deja sin palabras,
Aturdida y atónita.

El dolor de oírlo arrepentirse
Y hacer promesas vagas
Que regresaba
Para luego tenerme

Esperándolo en vano
Y no ver su desinterés
En mi dolor,
Es confusión emocional.

El dolor de oír
Las palabras crudas,
'No te amo,
Nunca te amé,'
Salir de la boca
Que me besaba,
Es malvado de su parte
Y me hace
Un nudo asfixiante
En la garganta.

El dolor de intentar
Controlar mis sentimientos
Pero sentir las lágrimas
Que resbalan
Inesperadamente,
Es ridículamente
Estúpido, vergonzoso
Y decepcionante.

El dolor de dar a luz
Y ver a mi bebé
Tan pequeñito e indefenso
Y yo sentirme tan sola,
Es abrumador.

El dolor de saber
Que mi niño necesita al padre
Y su lado de la familia,
Es poderoso
Pero el dolor de ver

Que les llevo a mi niño
Y ellos postponen todo
Para después,
Es un dolor
Que no puedo explicar.

El dolor de ir a corte
Por la custodia del niño
Nomás por se quieren vengar,
Es intolerable.

El dolor de ver
Que el hombre hace todo
Para complacer a una mujer
Que no tiene nada que ver
En todo este asunto,
Es enloquecedor.

El dolor de ver
Que las cortes
No tienen tiempo
O paciencia para mí
Y se alían con el hombre,
Desamorizado y negligente,
Es muy profundo.

El dolor de ver
Tanto dinero desperdiciado
Defendiéndome
Y protegiendo al niño
De un hombre desagradecido,
No tiene fin.

El dolor de ver
Que puedo perder a mi niño
Con las mentiras

Fácilmente dichas
Por una cara sonriente,
Es aterrorizante.

El dolor de entender
Que le he rogado a la gente
Por su afecto, aprobación
Y reconocimiento
Y, en esa acción,
He llevado a mi niño
A ser víctima y testigo
De la indiferencia,
Es un dolor desgarrador.

El dolor de vivir
Con arrepentimientos,
Ha dejado heridas abiertas
Que no sanan
Y cicatrices largas
Y profundas,
Visuales y escondidas,
En mi mente.

El dolor de darme cuenta
Que he pasado muchos años
Llorando por y a causa
De un hombre sin valor,
Es incisivo e invaluable.

El dolor de darme cuenta
De todos los años,
Emociones y sueños
Desperdiciados
En una relación
Unidireccional,
Es exageradamente inmenso

Y no hay palabras
Que lo describan.

El dolor de saber que,
Sin preocupación,
Él hizo una nueva vida
Y yo estaba aquí,
Ateniéndome a los recuerdos
Y aferrándome
A la imagen tenue de él,
Es revelador
De la autodestrucción.

El dolor de analizar
Mi vida
Y ver que he despertado
Y saber que ya no es mío
O nunca lo fue,
Es un peso menos en mi alma
Y, finalmente,
Me siento libre.

Entonces, Dios,
Rezo todas las noches
Que me hagas fuerte y sabia
Para derrotar al hombre
Y su gente
Que no aprecian nada.

Marzo 7, 1998

Llamas

La llama del amor,
Que nos mantuvo
Cómodos, calientes,
Energizados y vivos,
Se quemó
Hace mucho tiempo
Y ahora,
Sólo el odio
En copos de ceniza
Fluyen en el aire
Y se asientan con el polvo.

La llama de la esperanza
Que nos mantuvo
Trabajando,
Se apagó
Y, en la oscuridad,
La decepción dejó
Una quemadura
En mi corazón
Y malestar en mi mente.
El mundo bonito
Que yo veía antes
Es ahora feo y agresivo.

La llama de los sueños
Que me mantuvo
En movimiento,
Se extinguió
Un día de verano
En la madrugada.
Con el despertar brusco,

Me di cuenta
Que estaba sola y a solas,
Desprotegida y descuidada,
Ahora me encuentro
Con mi escudo,
Esquivando
Las flechas y balas
En medio
Del campo de batalla.

Agosto 20, 1996

Amor Muerto

El amor se puede mudar
O irse, morirse, matarlo,
Desaparecer, desvanecer
O, simplemente,
Se puede guardar en el ropero
Como una caja vieja
Llena de recuerdos.

El amor cuando es fuerte,
Vive y arde
Y algo impide aventarlo
Al vacío o al olvido.
El amor realmente
No muere,
Se guarda en la mente
Y en el alma
Y, sobre
De esos sentimientos,
Echamos objetos
Grandes y pesados
Para que el amor
No se escape
Y nos delate.
Pero, del amor, alegría,
Placer y lujuria
Que sentimos una vez,
Ahora hay preguntas,
Resentimiento y dolor.

Cuando el amor
Es por vanidad,
La verdad sobresale

Que el amor de mentiras,
No tiene futuro ni da vida.
El engañador
Se engaña solo,
Creyéndose poderoso,
Prohíbe, exige y explota
Los sentimientos
De su presa
Pero vigila muy de cerca
Para que no le hagan
Lo que él está haciendo.

Cuando el amante es malvado,
Como criminal
Sin consciencia,
Mata el amor
De quien lo quiso
Y lo divulga
Como su gran premio
Y él sale libre de culpa.
Cundo la relación acaba,
En sus ojos se refleja
El enojo, el egoísmo
Y la venganza.

En nombre
De lo que vivimos
Y por bien del retoño
Ya sembrado,
Se pide ser civilizado,
Por el bien
De las circunstancias,
Se pide hacer las paces,
Por el bien
De lo que hubo una vez,
Se pide ser cortés

Pero las palabras se tuercen
Y la respuesta
Viene apresurada y directa.
Con una sonrisa diabólica,
El amante escupe ataques,
Reproches y amenazas
Que no acaban.
Me recuerda
Que hubiera pensado
En esto antes
Y dice que somos enemigos
Y estamos en guerra.

… Y el amor guardado
Entre tantos secretos,
Se saca de la caja
Y se lleva afuera
Para verlo a la luz del sol.
Lo sacudo
Para darle aire
Y, en mis manos,
Frente de mis ojos,
Veo los pétalos, las hojas,
El tallo y las raíces
Ya muertas,
Convirtiéndose en sólo hierbas.

Diciembre 15, 1998

Desagradecidos

Algunas gentes
Les agrada dominar
Al sumiso y débil
Hasta que se pone a llorar,
Sin embargo,
Esa misma gente,
Nunca agradecen
Que, a pesar de todo,
Se les quiere.

Algunas gentes
No son agradecidos
Por los hijos
Que traen al mundo,
Al contrario,
Esa misma gente
Quieren cortar las alas
Desde el principio
Antes de darle
Una oportunidad
A que vuelen.

Algunas gentes
Se meten y se encajan
En las vidas de otros
Para causar problemas
Y destruir
Lo que está en proceso
Y esa misma gente
Sólo ve lo que no les gusta
Pero no agradecen
Que su pariente

Está bien cuidado
Y es querido.

Algunas gentes
Hablan de dientes para fuera
Y las promesas
De ayudar y apoyar al niño
Que está por nacer
Pronto se olvidan.
Esa misma gente
No tiene conciencia
De la prisa del tiempo
Y no agradecen que el niño
Fue traído y presentado
A su puerta.
Se toma nota
Que la hipocresía,
La negligencia
Y la falta de entereza
Empiezan a ser visibles.

Algunas gentes
No quieren
La responsabilidad
Y no tienen el tiempo
Para invertirlo en el niño
De la mujer
Que no quieren.
Esa misma gente
Desagradecida
No ve su contribución
A los disgustos sociales
Y no ven el bien
De cada persona
Con o sin defectos.

Algunas gentes
Son desagradecidas
Y vengativas
Y quieren pisotear
A quien decían querer.
Esa misma gente,
Aunque presuma
De su fuerza,
Son tontos y débiles
Por su cuenta.
Buscan y necesitan
Una pareja
Que les alimente
El autoestima
Por no creer
En los elogios y el amor
En las voces
Del pasado

Algunas gentes,
Cuando están metidos
En problemas,
Buscan a quien
Antes rechazaron.
Piden unir fuerzas,
Conocimiento, poder
Y resistencia
Contra el monstruo
Que le llaman pariente.
Esa misma gente,
Cuando su caso
Se resuelve,
Egoísta
Y desagradecidamente,
Le voltean la espalda
A quien les ayudó

Reclamando
Que *la sangre*
Es más espesa
Que el agua
Y no quieren oír
Nada más.

Algunas gentes
Sólo tienen memoria
De corto plazo
Y cuando ven
Al hijo en problemas
Con la pareja nueva,
Comparan,
En todos los modos,
A la mujer previa
Y a la actual
Y descaradamente piden
Que se reciba al hombre
Que fue fraudulento
Y desagradecido
Como ellos.
Un clan completo
De gente desagradecida,
Sí que son,
No veían
Lo bueno que tenían
Frente a sus ojos.

Algunas gentes
No se dan cuenta
Que tan desagradecidos son.
Su hipocresía
Y prejuicios
Les cubre la vista
A que tan bajos

Verdaderamente son.
Tampoco ven
Que la sumisa y débil,
En algún momento,
Se vuelve fuerte
Y desafiante.
No cabe duda,
En la sociedad,
Algunas gentes
Son muy desagradecidas,
Despreciables
Y desgraciadas.

Octubre 17, 1998

9 781778 833199